Para

com votos de paz.

Divaldo Franco
pelo Espírito
Joanna de Ângelis

LIBERTAÇÃO PELO AMOR

Salvador
6. ed. – 2023

COPYRIGHT © (2005)
CENTRO ESPÍRITA CAMINHO DA REDENÇÃO
Rua Jayme Vieira Lima, 104
Pau da Lima, Salvador, BA.
CEP 412350-000
SITE: https://mansaodocaminho.com.br
EDIÇÃO: 6. ed. (2ª reimpressão) – 2023
TIRAGEM: 1.000 exemplares (milheiro: 32.500)
COORDENAÇÃO EDITORIAL
Lívia Maria C. Sousa

REVISÃO
Luciano Urpia · Lívia Maria C. Sousa
CAPA
Cláudio Urpia
MONTAGEM DE CAPA
Ailton Bosco
EDITORAÇÃO ELETRÔNICA
Lívia Maria C. Sousa
COEDIÇÃO E PUBLICAÇÃO
Instituto Beneficente Boa Nova

PRODUÇÃO GRÁFICA
LIVRARIA ESPÍRITA ALVORADA EDITORA – LEAL
E-mail: editora.leal@cecr.com.br

DISTRIBUIÇÃO
INSTITUTO BENEFICENTE BOA NOVA
Av. Porto Ferreira, 1031, Parque Iracema. CEP 15809-020
Catanduva-SP.
Contatos: (17) 3531-4444 | (17) 99777-7413 (WhatsApp)
E-mail: boanova@boanova.net
Vendas on-line: https://www.livrarialeal.com.br

Dados Internacionais de Catalogação na Publicação (CIP)
(Catalogação na fonte)
BIBLIOTECA JOANNA DE ÂNGELIS

F825	FRANCO, Divaldo Pereira. (1927) *Libertação pelo amor*. 6. ed. / Pelo Espírito Joanna de Ângelis [psicografado por] Divaldo Pereira Franco. Salvador: LEAL, 2023. 192 p. ISBN: 978-85-8266-133-8 1. Espiritismo 2. Psicografia 3. Reflexões morais I. Franco, Divaldo II. Título
	CDD: 133.93

Bibliotecária responsável: Maria Suely de Castro Martins – CRB-5/509

DIREITOS RESERVADOS: todos os direitos de reprodução, cópia, comunicação ao público e exploração econômica desta obra estão reservados, única e exclusivamente, para o Centro Espírita Caminho da Redenção. Proibida a sua reprodução parcial ou total, por qualquer meio, sem expressa autorização, nos termos da Lei 9.610/98.
Impresso no Brasil | Presita en Brazilo

SUMÁRIO

Libertação pelo amor   7

1. A hora do testemunho   13

2. Inimigo insidioso   19

3. Fragilidade humana   23

4. Dores excessivas   29

5. Entregue a Deus   35

6. Permanece em paz   41

7. Poder terreno   47

8. Sacrifício e amor   53

9. Terapia do perdão   59

10. Abrir veredas   65

11. Enfermidades simulacros   71

12. Empresas   77

13. Trabalhador voluntário 83

14. Lamentável equívoco 89

15. Processos enfermiços 95

16. Indulgência 101

17. Sublime ação 107

18. Hábitos 113

19. Respeito pela vida 119

20. Honestidade 125

21. Comportamento amável 131

22. Insucesso e êxito 137

23. Amor diante de relacionamento 143

24. Autenticidade 149

25. Necessidade da paciência 155

26. Exercício da compaixão 161

27. Aceitação 167

28. O martírio do medo 173

29. Plenitude da vida 179

30. Jesus, o Libertador 185

LIBERTAÇÃO PELO AMOR

Nada obstante as incomparáveis conquistas da Ciência e da Tecnologia contemporâneas, a paisagem humana prossegue assinalada pelas dores excruciantes que se convertem em espetáculos de agonia prolongada.

O planeta terrestre estertora, acomodando as placas tectônicas que se chocam desencadeando terríveis tsunamis que semeiam a destruição generalizada, ceifando dezenas de milhares de existências, enquanto vulcões e tornados, tempestades, incêndios, tufões varrem-lhe a superfície, modificando-lhe a forma.

Sutis alterações no seu eixo e aquecimento polar acelerado produzem efeitos afligentes para a sua população, especialmente a litorânea, enquanto avalanchas sobre os mares e oceanos levantam ondas altíssimas que arrasam tudo quanto encontram pela frente.

Tem sido possível detectar alguns desses flagelos quando estão para desencadear-se, através de instrumentos supersofisticados, auxiliando a evacuação das áreas de perigo, não, porém, impedi-los de acontecer.

Esses fenômenos são necessários à evolução física do planeta, que também sutiliza a sua estrutura e, mediante essas hecatombes, proporcionam o progresso espiritual dos seres que o habitam.

As aflições morais, simultaneamente, alcançam patamares elevados, enquanto o crime e a violência de todo jaez semeiam mais sofrimentos e inquietações nas criaturas aturdidas.

Sociólogos e psicólogos, antropólogos e teólogos unem-se para encontrar soluções seguras para os graves problemas que assolam a Humanidade, permanecendo manietados, quase sem conseguirem diminuir o volume de horrores que esmagam os indivíduos, os grupos sociais e as nações.

Os monstros das revoluções armadas e das guerras de extermínio prosseguem com as suas fauces hiantes, devorando vidas inumeráveis, submetendo culturas e países diversos aos seus terríveis destinos, enquanto o ser humano, sem possibilidade de reverter a situação, padece de ansiedade e de medo.

Introjetando conflitos que se sucedem contínuos e parecem impossíveis de ser apaziguados, avança triste ou tresloucado em direção de lugar algum.

A solidão e o desrespeito à vida, sob os diversos aspectos em que se apresentam, campeiam em comportamentos patológicos, enquanto as ambições desmedidas ameaçam a flora e a fauna, utilizando-se de meios inadequados.

Tudo isto, porém, porque o endereço do amor foi esquecido, dando lugar ao predomínio do egoísmo e dos seus sequazes.

Por consequência, Deus, o Espírito e o dever encontram-se em plano secundário entre os objetivos que se busca alcançar durante o périplo carnal.

Mais de seis mil anos de cultura, de ética e de civilização que se encontram abandonadas, em face do despautério dos cidadãos que perderam a consciência do dever.

Inegavelmente, uma força terrível arrasta as multidões que se lhe entregam inermes, conspirando contra todos os valores de dignificação antes considerados legítimos.

As religiões são muito divulgadas, entrincheirando-se nos arsenais do seu poder econômico, os partidos políticos guerreiam entre si, as disputas sociais aumentam as crises de relacionamento, e pessoas mentalmente perturbadas fazem a apoteose do crime, do retorno dos governos arbitrários e hediondos, trabalhando em favor do caos, sem nenhuma consciência do que realizam.

★

A Terra, a generosa mãe, experimenta o clímax da sua transição de mundo de provas e expiações *para* mundo de regeneração.

A tal respeito, o sermão profético de Jesus, anotado pelo apóstolo Marcos, no capítulo treze do seu Evangelho, refere-se aos sucessos terríveis que vêm acontecendo, e que, na atualidade, alcançam níveis culminantes e quase intoleráveis.

Por sua vez, também o apóstolo João detalha os acontecimentos que precederiam ao surgimento da nova Jerusalém simbólica, no seu Apocalipse, considerando ser esse o pórtico da Era Nova, assinalado por dores inimagináveis.

[...] E o Espiritismo, fiel aos ensinamentos de Jesus, desde o seu surgimento anuncia a hora da grande e inevitável transformação do planeta, conforme vem sucedendo.

Tudo poderia dar-se dentro de outro clima, caso o amor fosse vivenciado na condição de roteiro de felicidade geral.

Não seja, pois, de estranhar-se a pesada carga de aflições que tomba sobre a sociedade terrestre.

O amor, porém, dispõe dos recursos valiosos para o enfrentamento das situações penosas que se agigantam neste momento.

O amor é de constituição sublime.

Quem o cultiva, liberta-se.

Quem o ignora, escraviza-se.

Distraídos, no entanto, os homens e as mulheres, teimando em ignorar as graves advertências, mergulham nos vapores das ilusões, a fim de fugirem da responsabilidade e dos compromissos que lhes dizem respeito, anestesiando a razão e embriagando o corpo nos prazeres exaustivos e fugidios.

Com a mesma amplitude dos sofrimentos desencadeados, surgem os espetáculos de entorpecimento moral e espiritual para superá-los, empurrando as multidões desvairadas na direção de abismos devoradores...

Aliás, muitos dos atuais surpreendentes acontecimentos de angústia são decorrências dessa alucinada correria para o prazer decepcionante a qualquer preço.

Rios de lágrimas correm sobre os cadáveres insepultos, enquanto córregos de suor escorrem pelos corpos febris entregues ao sexo e à ebriedade dos sentidos.

Apesar dessa volúpia, na qual se misturam esgares de agonia com sorrisos de loucura, os desígnios divinos cumprem-se com irrefragável ordem, preparando o mundo melhor de amanhã.

[...] E comandando a grande nau terrestre pelos espaços infinitos encontra-se Jesus!

★

Libertação pelo amor

Dedicamos este livro modesto à libertação do ser humano pelo amor.

Em suas páginas, apresentamos reflexões sobre a saúde integral, o bem-estar superior, a alegria inefável, a felicidade real sob o comando do amor.

Tais pensamentos são resultado de largas análises e meditações a que nos entregamos, estudando a conduta dos seres humanos destes dias diante dos acontecimentos que se vêm apresentando.

Não mantemos veleidade literária, nem pretendemos parecer solucionadora de problemas, que a cada qual compete atender, antes nos animam os sentimentos de compaixão e de solidariedade que oferecemos àqueles que nos concederem a honra da leitura do nosso texto, propondo-lhes soluções simples, respostas sinceras e terapias práticas, para que seja conseguida a liberdade interior a respeito do mal íntimo e dos males que os agridem exteriormente.

Augurando ao caro leitor harmonia espiritual e êxito na vilegiatura carnal em que se encontra, rogamos ao Senhor da Vida que nos abençoe com o Seu amor que liberta.

Salvador, 17 de janeiro de 2005.

JOANNA DE ÂNGELIS

1

A HORA DO TESTEMUNHO

Sentias que a adaga da provação iluminativa tombaria sobre ti, ceifando-te alegrias e expectativas de paz que acalentavas com ternura e ansiedade.

No íntimo sabias que a dor te alcançaria as províncias da alma, levando-te a sofrimentos inenarráveis.

Percebias o acumular de nuvens borrascosas nos céus das tuas esperanças.

Caminhavas com passo firme, no entanto, experimentavas o solo, muitas vezes cediço, por onde avançavas.

Cantavas a melodia da vida aos ouvidos do coração, e, não poucas vezes, a ressonância da perversidade de alguns desvairados chegava à concha dos teus sentimentos, anunciando-te horas patéticas.

Prosseguias com entusiasmo, apesar de observares a pertinácia de inimigos gratuitos telementalizados pelas forças do mal que ainda campeiam no mundo.

Desesperadas em face da tua persistência no bem, teriam que te silenciar a voz, apunhalar-te o sentimento, desmoralizar-te, para que, dessa forma, a tua mensagem não passasse de ilusão ou mentira, jamais chegando às aflições que deveriam ser diminuídas.

Arquitetaram o plano desesperado, no qual te crucificariam no madeiro da própria abnegação, tornando-te execrado.

Quando a traição alcançou a face zombeteira do mundo, os teus inimigos exultaram e passaram a comemorar o êxito do seu empreendimento perverso.

Agora aguardam pelos resultados odientos da sua trama, apoiados por alguns que não sintonizam contigo por diversos motivos e que te veem como competidor das suas ambições.

Não te descoroçoes no embate grandioso do amor e da verdade de que te fazes herdeiro do Crucificado sem culpa.

Se a Ele, a quem amas e buscas seguir, retalharam a alma, amarguraram as horas, prenderam a um madeiro de infâmia, que não te farão esses mesmos instrumentos da loucura que avassala a Terra?!

Não te é surpresa o convite ao testemunho.

Na tua condição de seguidor do Incompreendido dos milênios, experimentar o azedume e a crueldade com que O feriram deve constituir-te uma honra, que te assinalarão as horas do futuro com as condecorações em forma de cicatrizes impressas nos tecidos delicados da alma.

É compreensível que sofras, mas também dispões do lenitivo do conhecimento para não te deixares sucumbir, amargurar, ou guardar qualquer ressentimento.

Os teus perseguidores constituem-te benfeitores da jornada.

Libertação pelo amor

Já que não conseguiste atraí-los para o teu círculo de amizade, ama-os a distância e dá-lhes o direito de não gostar de ti.

Quem ama Jesus está dignificado pela Sua presença. E, por enquanto, o Seu sinal naquele que O serve é o testemunho de fidelidade e de companheirismo.

★

Não foi um estranho ao Mestre, aquele que O traiu, vendendo-O miseravelmente aos Seus inimigos.

Não foi um desconhecido que O negou três vezes consecutivas.

Não foram corações distantes que O abandonaram.

Todos eles conviviam com a Sua presença, participavam do banquete do Seu amor, ouviam a sinfonia da Sua voz, sonhavam em conquistar o Reino dos Céus com Ele. No entanto, eram criaturas frágeis como tu e os teus inimigos, que abriram campo para a insinuação da ignomínia, para a ação de extermínio do amor. Não dispunham de reservas morais para as refregas que deveriam enfrentar, e, no primeiro embate, tombaram inermes nas armadilhas da loucura.

Assim, considera aqueles que agora te ultrajam e não os temas, nem os lamentes, nem te ressintas em relação às atitudes que tomaram.

Tu conheces o Mestre e eles talvez ainda não tenham travado um relacionamento mais profundo com Ele, apenas se utilizando do Seu nome para projetar a própria imagem atormentada.

Tu elegeste a incomum possibilidade de permanecer com Ele, enquanto os teus opositores, sentindo-se impossibilitados de fazer o mesmo, hostilizam-te, esmiúçam tua existência, azucrinam-te as horas, gargalham...

Encontram-se a soldo da alucinação a que se entregam de bom grado, e ainda não se deram conta do que estão fazendo.

A sua glória é semelhante à névoa que o *sol da verdade* dissipará. É idêntica à vitória de Pirro, insignificante.

Assim, prossegue cantando o Evangelho, e não te faltarão almas para ouvir a tua melodia.

Vive Jesus no Seu calvário, e atrairás muitos que anelam por exemplos de fé e de coragem, de forma que se renovem e se entusiasmem para prosseguir na luta.

No fragor da batalha, agradece a Deus a dádiva sublime de poderes demonstrar que o teu é o amor de fidelidade ao ideal que abraças e ao qual entregaste a existência.

Em realidade, este é um testemunho suave e transitório, porquanto as alegrias que decorrem do ato de servi-lO ultrapassam as demonstrações de acrimônia e de antipatia que te ofertam os infelizes sorridentes com as tuas dores...

Ninguém transita no mundo sem a bênção da reparação. Hoje é o teu dia de soerguimento moral, de conserto espiritual.

Posteriormente será a vez de outros, aos quais poderás distender mãos amigas, a fim de os ajudar.

Feliz é todo aquele que resgata, que ascende com os pés feridos e o coração abrasado de amor, ganhando os rumos da Imortalidade.

Aproveita-te dos momentos de solidão e de prece para reabastecer-te de paz, enriquecer-te de compaixão, alcançares níveis de consciência mais elevados.

Libertação pelo amor

[...] E quanto mais vigorosos sejam os impositivos de escárnio e de desprezo a que sejas submetido, mais te alegres com a ocorrência.

A vitória somente é verdadeira quando a batalha está encerrada.

Sem crucificação, não ocorrerá ressurreição.

Sem sacrifício, não há verdadeira glória de servir.

Exulta, portanto, na desincumbência dos teus deveres de espalhar luz por onde passes e irás diluindo as trevas que outros deixaram pelos caminhos.

A tua é a tarefa de semear astros luminíferos. Realiza-a, desse modo, sem descanso nem enfado.

Um dia, que não está longe, quando arrebatado pela desencarnação, percorrerás os rios invisíveis do Infinito e verás a Via Láctea iridescente que deixaste na retaguarda.

Os grandes mártires ensinaram-nos o caminho a seguir.

Abraçando os seus ideais de engrandecimento humano e espiritual da Terra, nunca se detiveram a receber louvaminhas ou glórias ilusórias. Trabalhavam para o futuro e sabiam que, no seu tempo, não haveria lugar para eles. Insistiram e perseveraram, tornando o mundo melhor para aqueles que vieram depois.

Sem a ambição de seres alguém que ilumina a Humanidade, alegra-te pela oportunidade de oferecer a tua quota de amor, preparando o futuro daqueles que virão logo mais, no qual, certamente, estarás também ao lado desses, que hoje te exigem o testemunho e te crucificam...

2

INIMIGO INSIDIOSO

Foste estigmatizado pela infâmia cavilosa, e porque te refugiaste na oração, conseguiste superá-la sem sequelas.

Experimentaste o escárnio daqueles que te subestimam o valor, no entanto, persistindo nos ideais de enobrecimento, venceste o desafio.

Suportaste a enfermidade desgastante, entretanto, mantendo o pensamento otimista e cuidando-te sem cessar, atravessaste o período de debilidade, recuperando a saúde.

Recebeste pedradas morais, promovidas por adversários invejosos que desejavam competir contigo, e porque não ambicionavas destaques no mundo, ficaste incólume às agressões.

Foste visitado, diversas vezes, pela tentação da ira, da mágoa, da revolta, porém, reflexionando a respeito dos elevados objetivos da existência, não te detiveste nos desvios da inferioridade, avançando alegremente.

Proclamaram a tua queda, a tua deserção do bem, alguns companheiros precipitados, todavia, permanecendo imperturbável, eles te odiaram, sem que isso te afetasse.

Fustigaram-te os sentimentos através de variados ardis, mas, como te encontravas com a mente referta de idealismo e o sentimento rico de entusiasmo, não foste alcançado pelo mal que te rondava.

Recebeste a ingratidão de comensais da tua afetividade, no entanto, despido dos interesses de compensação de qualquer tipo, seguiste adiante, sem lamentar-lhes o afastamento que te não fez falta.

Provaste solidão e foste impelido ao silêncio, por circunstâncias penosas, entrementes, sintonizando com as Esferas superiores, ouviste as vozes dos Céus e sentiste a companhia dos benfeitores espirituais, dando prosseguimento ao trabalho.

Tentaram arruinar-te o nome, objetivando dificultar o teu acesso aos corações, apesar disso, os teus testemunhos de dignidade superaram as informações descabidas e falsas, mais ampliando os teus horizontes de edificações morais.

Armaram redes de acusadores fixados em ti, perturbados pela monoideia de impedir-te o avanço, assim mesmo, porque não cessaste de agir e de servir, esses inimigos da tua paz sofrem por ver-te impertérrito na desincumbência do compromisso assumido com Jesus.

Em todas as situações afligentes, lograste manter a inteireza moral, superando-te a ti mesmo.

Porque o teu vínculo é com Jesus e não com as pessoas, tudo quanto te fizerem, certamente não te afetará, se porfiares, porque Ele te defende de todo mal que não esteja estabelecido pela Lei de Causa e Efeito.

Na luta forjam-se os heróis e os santos, os mártires e os abnegados construtores da Humanidade feliz.

Nunca temas, nem te afadigues em defesas injustificáveis quão desnecessárias, porquanto estás fadado à conquista do Infinito...

Libertação pelo amor

★

A situação em que te vês agora é bem diversa, mais grave do que todas antes enfrentadas, porque sutil, quase despercebida.

Semelhante a cupim devorador e oculto no âmago da madeira, estás sendo carcomido interiormente, perdendo valiosas energias e vigor.

Insidioso, esse inimigo cruel tem-te rondado os passos, desde há muito tempo, sendo sempre repelido com tenacidade.

Agora, talvez porque te sintas cansado, como é natural, ei-lo tomando as províncias do teu sentimento e apoderando-se do teu entusiasmo.

Trata-se do desânimo, esse inimigo sibilino e torpe.

Tem cuidado e redobra a atenção a seu respeito.

Sob pretexto algum lhe dês oportunidade de alojamento no teu mundo íntimo.

Ele tem sido responsável por muitas defecções de obreiros do progresso, que se sentiram desestimulados e desistiram de lutar.

A princípio, não se lhe percebe a façanha destrutiva, porque se apresenta como tédio, para logo transformar-se em indiferença, por fim converter-se em abatimento e fuga das responsabilidades.

Contrapõe-lhe a vontade férrea, a alegria de viver, o interesse para concluir o trabalho iniciado.

Se te escassearem energias, refaze-te na oração, mergulhando no *oceano de forças benfazejas* que a tudo envolve.

De imediato, a seguir, busca a meditação, analisando a transitoriedade de todos os fenômenos e remontando-lhes às causas eternas, assim constatando que não vale a pena desperdiçar o tempo em questões de secundária importância.

Tem em mente que estes momentos também passarão, como se diluíram outros de alegrias e de tristezas, aguardando o porvir.

Se, por acaso, persistir o bafio pestilento, considera as aflições do teu próximo a quem podes ajudar, e sai da jaula asfixiante do desânimo para a liberdade de servir.

Respirarás, então, o *oxigênio da caridade*, logo te sentindo renovado.

Ama, pois, e auxilia em qualquer situação que se te apresente.

Iniciar atividades é muito fácil, mantê-las é mais difícil e concluí-las é o desafio que a reencarnação propõe a todos.

Jesus assinalou com muita propriedade e sabedoria que tudo é possível àquele que crê, que se empenha e não cessa de lutar.

Investe mais nos teus objetivos abraçados e insiste durante os bons e os maus períodos.

A vitória somente pode ser celebrada quando concluída a luta, encerrada a tarefa.

Sob a inspiração de Jesus, persevera e crê nos resultados superiores dos investimentos da tua atual existência e conseguirás alcançar a meta.

Desanimar, porém, nunca!

3

FRAGILIDADE HUMANA

Interrogas, surpreso, como foi possível a Judas, que conviveu com o Mestre em doce enternecimento, participando do banquete festivo da Boa-nova, advertido e orientado, traí-lO, entregando-O aos Seus inimigos, seja qual for a justificativa que se apresente?

Certamente, Judas O amava, a seu modo, porquanto renunciara aos compromissos anteriores, a fim de segui-lO, e, apesar disso, não suportou as pressões de Entidades perversas que o assediaram, levando-o à ruína.

Ainda fustigado pela fraqueza de caráter, quando se deu conta da hediondez praticada, ao invés de enfrentar as consequências do ato ignóbil, optou pela fuga covarde do suicídio cruel.

Inquires, com desalento, como Pedro, que havia recebido a responsabilidade de apascentar as Suas ovelhas, que com Ele convivera em intimidade, acompanhando os Seus momentos de sublimação no Tabor e de abnegação em toda parte, embora avisado com clareza, pôde negá-lO três vezes consecutivas?

Nas praias e no mar da Galileia, que lhe eram o berço e a vida social, comercial, humana, participou de todas as Suas elevadas propostas sobre o Reino dos Céus, cujos alicerces estavam sendo construídos no *solo dos corações*, acompanhou os fenômenos incomparáveis da Sua condição de Filho de Deus, apesar disso, fez-se vítima da fraqueza moral que não pôde superar.

Deu-se conta, logo depois, todavia, que fracassara no momento mais relevante da sua existência.

Indagas, aturdido, como todos aqueles amigos que foram eleitos como membros do Seu *colégio de amor* e de misericórdia, que ouviram a sinfonia esplêndida das Bem-aventuranças, que foram testemunhas das curas repentinas dos portadores de diferentes enfermidades com a Sua intervenção, que O viram repreender os ventos e as ondas durante a tempestade no mar, puderam abandoná-lO a partir do momento da traição, com exceção, apenas, de João?

Haviam sido convidados com infinito amor, aceitaram o desafio, apresentaram-Lhe todas as dúvidas, solicitaram as orientações necessárias para a entrega das existências, renunciaram às comodidades e convivência no lar, na família, no grupo social, entrementes, no momento máximo, tombaram na pusilanimidade, relegando-O à própria sorte.

Todos estavam esclarecidos e conscientes de que a jornada com Ele era feita de aflições e de soledade. Em momento algum Ele os encorajou à esperança de felicidade no mundo, de glórias terrenas, de júbilos no poder. Foi-lhes sempre sincero e claro, algumas vezes mesmo se fez enérgico e vigoroso, a fim de fortalecê-los para a grande luta; confidenciou-lhes, em intimidade, esperanças e alegrias inefáveis

Libertação pelo amor

depois da existência corporal, e, apesar de tudo, não tiveram valor moral para segui-lO.

Sucede que o mundo físico é também sinônimo de ilusão, de sonho, de incerteza.

Mesmo eles, que deveriam estar estruturados na coragem imbatível pelo de que se encontravam conhecedores, não tiveram condições de merecer a palma da vitória sobre a inferioridade moral, pelo menos, no momento do grande testemunho.

Mais tarde, sim, todos se entregaram ao amor e à glória de servi-lO, redimindo-se da fraqueza humana.

Convidado, como te encontras, para a restauração dos postulados sublimes de Jesus, na atualidade de valores controvertidos e insanos, não esperes entendimento nem fidelidade dos amigos que compartem os ideais que te fascinam.

Provavelmente, todos gostariam de entregar-se ao ministério de iluminação de consciências, oferecendo os seus melhores recursos e mais honesta dedicação para que se tornem realidade os objetivos anelados.

Cada pessoa, no entanto, tem o seu próprio programa de evolução, em razão das conquistas e prejuízos anteriores, que lhe assinalam a trajetória terrestre.

Alguns, embora encantados com o Evangelho desvestido de fantasias e de superstições, conforme o desvela o Espiritismo, ainda se encontram vinculados a interesses imediatistas de prazer, de fama, de poder, e não estão dispostos a renunciar a tudo quanto os fascina.

Diversos, igualmente despertos para o banquete da Era Nova, encontram-se comprometidos com deveres

Joanna de Ângelis/Divaldo Franco

familiares, sem coragem para libertar-se das exigências do lar, refugiando-se nesse mecanismo desculpista para ficarem acomodados.

Muitos, herdeiros de situações lamentáveis de outras existências, sentindo-se fracassados nos setores sociais a que se entregaram, veem na programação libertadora oportunidade de manter o poder, destacar-se a qualquer preço, disputar lugares e privilégios, vencer os demais, que passam a ter em conta de adversários...

Vários, ainda vinculados às paixões dissolventes em que se comprazem, invejam os lutadores, têm mágoa dos trabalhadores dedicados, entregando-se a sistemáticas campanhas de desmoralização das suas existências, assim torpedeando as suas nobres realizações.

São as fraquezas humanas que neles predominam.

Não conseguem superar as tendências inferiores que os mantêm em situação deplorável.

Talvez gostassem de estar ao teu lado, de ser como tu, de lutar com a tua coragem, entretanto, não se esforçam por consegui-lo, optando pela permanência no estágio que os amesquinha.

Se lhes sofres o abandono, o combate sistemático, a perseguição insana, a antipatia gratuita, o ódio devorador, não te perturbes, sintonizando na faixa da sua pusilanimidade.

Mantém-te coerente com a tua crença e fiel ao teu ideal.

Já que eles desejam ficar onde se encontram, não insistas, não os lamentes, não te detenhas.

Segue adiante!

Deves realizar a tarefa que aceitaste do Mestre, sem discussão, e que tem sido fator de alegria na tua atual existência, não constrangendo ninguém a seguir contigo, nem a te auxiliar no desiderato.

Se, em algum momento, estiveres para desfalecer ante as difíceis conjunturas, as perseguições e a solidão, envolve-te nas dúlcidas vibrações da prece, recuperando as energias e o desejo de avançar sem detença.

Recorda-te, de imediato, de Jesus com o madeiro sobre o ombro dilacerado, caindo várias vezes e levantando-se, sem os censurar, sem os procurar no meio da multidão que uma semana antes O aplaudiu, quando da entrada em Jerusalém, e agora O malsinava.

Constituído do mesmo material humano das demais pessoas, transforma tuas fraquezas em valor moral e sê fiel Àquele que te ama desde o início dos tempos e prossegue contigo, esperando a tua decisão de entrega total a Ele.

4

DORES EXCESSIVAS

Reclamas o peso do fardo moral sobre os teus ombros frágeis, olvidando-te de que Deus não sobrecarrega a ninguém em demasia. Sempre confere os sofrimentos necessários de acordo com as resistências de que cada qual dispõe.

Identificas dificuldades onde se manifestam oportunidades de crescimento interior, porque te encontras fatigado pelos testemunhos constantes, esquecendo-te de que a árvore cresce silenciosamente, embora tombe com grande ruído.

Acreditas-te vítima de ocorrências desgastantes e contínuas, quando, em realidade, representam condições para o teu avanço espiritual, desde que te candidataste ao empreendimento iluminativo.

Certamente, permanecer fiel ao dever, quando outros o abandonam, ou manter-se confiante nos momentos em que as circunstâncias apresentam-se menos favoráveis, constitui um esforço muito significativo. Entretanto, mede-se o caráter de uma pessoa pelos valores dignificantes que o exornam.

Joanna de Ângelis/Divaldo Franco

O indivíduo comum que prefere avançar perdido na massa, na futilidade, desempenhando o papel do imediatista e aproveitador, não enfrenta esse tipo de desafios, nada obstante, experimenta outros conflitos perturbadores, porque ninguém se encontra na Terra em caráter de exceção, como quem realiza uma agradável jornada ao país da fantasia.

Aquele que se ilude com a existência terrena igualmente desperta, cedo ou tarde, sendo convocado aos enfrentamentos do processo da evolução.

Desse modo, acumula experiências libertadoras através dos aparentes insucessos e dos contínuos tributos de luta e de compreensão à existência corporal.

Para onde olhes, defrontarás intérminas batalhas pela sobrevivência, pela afirmação dos valores mais nobres, mesmo que nas rudes refregas do instinto em crescimento para a razão.

Nos reinos vegetal e animal, o predador está sempre seguindo sua vítima, que adquire mecanismos de salvação, adaptando-se ao meio ambiente, mudando de forma, ocultando-se.

Embora a vitória da herança atávica para a preservação da vida, sucumbem ante o ser humano, cuja inteligência é aplicada à conquista de instrumentos que lhes superam as habilidades, vencendo-os de contínuo.

Apesar disso, aqueles que sobrevivem mantêm prodigiosamente o milagre da vida em operosidade.

O vendaval ameaça a árvore altaneira, que se dobra para deixá-lo passar, ou sofre-lhe o açoite destruidor, reerguendo-se depois e prosseguindo vitoriosa no mister que lhe foi estabelecido.

Libertação pelo amor

O barro submete-se ao oleiro, aceita o aquecimento exagerado e mantém a forma que lhe foi conferida.

O solo é sulcado e sacudido de todos os lados, a fim de proporcionar a germinação das sementes.

Os metais derretem-se, de modo a receberem novas expressões que darão beleza ao mundo.

Tudo é renovação contínua, que decorre dos impositivos da evolução.

Se perguntares o que sofre a semente no seio abafado da terra, a fim de que possa libertar a vida que nela jaz adormecida, e se ela pudesse, responderia que o medo, a angústia e a opressão fazem parte de todas as suas horas até o momento em que as vergônteas recebem a luz do Sol e atingem o objetivo a que se destinam.

Se indagares ao triunfador como lhe foi possível alcançar o pódio da vitória, ele te narrará inúmeros sofrimentos que nunca experimentaste, mas que foram superados com alegria, considerando a meta para onde dirige os passos.

Se inquirires o Sol de como pode manter a corte de astros à sua volta, e ele dispusesse de meios de explicar-te, contestaria que transforma a sua massa em energia constante, convertendo a média de quatrocentos e vinte milhões de toneladas de hidrogênio em hélio por segundo, equivalente a 5 trilhões de bombas de hidrogênio por segundo (uma bomba de hidrogênio tem uma potência de 20 milhões de toneladas de TNT).

Em toda parte o esforço enfrenta a luta, que se impõe como necessidade de transformações e de progresso.

Quem se nega ao esforço, permanece na paralisia, e aquele que foge à batalha de crescimento, asfixia-se na inutilidade.

Não te aflijas, portanto, pelos enfrentamentos necessários, jamais superestimando as ocorrências que te parecem afligentes.

Sempre existirá alguém mais sobrecarregado do que tu. Porque não se queixa e não lhe conheces o fadário, tens a impressão de que as tuas são dores únicas e mais volumosas que a de todos.

Há muitos corações crucificados que desfilam pelos teus caminhos e ignoras completamente o que lhes acontece.

Este, no qual te encontras, é um mundo de provas e de expiações, portanto, hospital de almas, oficina de reparos, escola de aperfeiçoamento.

É natural que isso ocorra, porquanto será graças a esses fenômenos, nem sempre agradáveis, que alcançarás as estrelas.

Quem poderia imaginar que o Rei Solar tivesse de sofrer tanto, a fim de afirmar o Seu Amor por nós?!

Se Ele, que é todo Amor e Misericórdia, pureza e perdão, aceitou de boa mente os testemunhos pavorosos para nos demonstrar a Sua grandeza, qual será a quota reservada a cada Espírito que transita na retaguarda, a fim de conseguir o triunfo durante o seu processo de enriquecimento?

Não reclames, pois, nem te consideres abandonado pela sorte.

Colhes hoje o que semeaste há muito tempo.

Faculta-te agora uma semeadura diferente em relação ao futuro, de maneira que te libertes das dores ex-

Libertação pelo amor

cruciantes deste momento, auferindo alegrias e bênçãos jamais imaginadas.

Aquieta, desse modo, as objurgações infelizes, o coração intranquilo, superando o pessimismo e a amargura, e poderás enxergar melhor os acontecimentos que te envolvem, graças aos quais alcançarás a plenitude.

Assim, não te permitas autocomiseração, nem conflito perverso de qualquer natureza, entregando-te a Jesus e n'Ele confiando de forma irrestrita e terminante, pois que Ele cuidará de ti.

A tua atual existência está programada para o êxito. Não mais tombarás nas sombras de onde procedes se insistires por banhar-te com a clara luminosidade do Amor de Deus.

Reflexiona melhor e com mais maturidade, de maneira que constatarás alegrias e bem-estar pelo teu caminho, nada obstante algumas dificuldades naturais que todos devem enfrentar.

Alegra-te por seres incompreendido, por estares no campo de elevação entre dissabores, porque a compensação divina é sempre o resultado do grau de esforço desenvolvido pelo ser humano durante a trajetória de elevação.

5

ENTREGUE A DEUS

São muitos os corações que experimentam sofrimentos e que não dispõem das mesmas resistências que tu, interrogando-se como consegues avançar sem detença, apesar das rudes pelejas que travas.

Eles consideram-se fracos, impelidos à desistência da luta logo se apresentam os dissabores, o cansaço, a rotina do sofrimento, as insinuações do mal.

Gostariam, talvez, de seguir adiante, com o entusiasmo que te caracteriza. No entanto, gastam muito tempo na queixa e no ressentimento contra as circunstâncias mais difíceis ou as pessoas mais intransigentes, ou mais perversas que se comprazem em afligir os demais.

Por isso, desfalecem com rapidez. Acostumados à planície do conformismo com o já conseguido, perdidos na neblina da ignorância, aguardam uma existência de facilidades, de acomodação, de prazer.

Preferem não acreditar na imperiosa necessidade de crescimento para Deus e para a vida, aceitando o marasmo ou a ostentação como recursos únicos para o transcurso da existência física.

Toda vez, quando são convocados a mudanças que se tornam inadiáveis no processo da evolução, estremunham-se, reagem, lamentam-se, acreditam-se infelizes, supondo que as demais pessoas vivem em regime de exceção, desconhecendo os suores e as lágrimas dos testemunhos impostos pelo crescimento intelecto-moral.

O rio volumoso cava o próprio leito por onde se movimenta na direção do mar.

O desfiladeiro é resultado das águas e dos ventos que o sulcaram através dos milênios, dando-lhe formas especiais e impressionantes.

Tudo quanto existe no mundo é resultado do operoso trabalho dos mecanismos da vida.

O mesmo também ocorre com o ser humano.

A fim de que possa alcançar as estrelas luminíferas, deve transitar pelo vale em sombras, alcançando os patamares mais elevados até atingi-las.

Não existem facilidades evolutivas, que não sejam resultado de pelejas normais e contínuas.

Tudo no mundo obedece a uma planificação superior muito bem delineada, que se apresenta mediante regras de equilíbrio e de justiça, proporcionando a todos as mesmas oportunidades e realizações.

Por isso, a reencarnação é metodologia especial para proporcionar o aprendizado e a experiência dos valiosos processos de purificação moral.

Caso fosse diferente, as motivações para o desenvolvimento interior e a conquista da plenitude cederiam lugar a uma tediosa marcha na direção do quase nada.

Desse modo, a dor a todos visita, convidando uns às experiências reparadoras do passado, a outros ensejando o crescimento espiritual, a diversos mais abrindo janelas para o Infinito, enfim, facultando-lhes o conhecimento da verdade que liberta e do amor que sublima os sentimentos.

As resistências que demonstras diante dos inevitáveis testemunhos são resultados da tua entrega a Deus, deixando que Ele te conduza com firmeza e sabedoria, conforme vem ocorrendo.

Faz sempre a tua parte, e aquela que te escapa, superior aos teus valores mentais e morais, deixa que seja realizada por Ele.

Em todos os transes, sabes que eles significam verdadeiras bênçãos, e os aceita com resignação dinâmica, não permanecendo na lamentação nem te entregando ao desânimo.

Na tua convivência com Deus já percebeste que Ele sempre está vigilante e operoso, ensejando-te os recursos superiores à tua capacidade atual de realização.

Por isso, avanças sempre no rumo da Grande Luz.

Os outros, aqueles que aspiram por facilidades e desejam colher no terreno em que ainda não semearam, são destituídos dessa confiança irrestrita e dignificadora que depositas no Pai.

Até gostariam de acreditar mais. No entanto, são vítimas dos conflitos que cultivam, a fim de possuírem mecanismos de justificação e de fuga da realidade.

Preferem ficar sentados no patamar infeliz da lamentação e da queixa, quando poderiam acionar os tesouros da vontade e da inteligência, do trabalho e da coragem, que todos possuem em germe, e romper a névoa que lhes

Joanna de Ângelis/Divaldo Franco

obscurece a visão, dificultando-lhes o entendimento e as realizações propiciadoras do progresso.

Continua, desse modo, na tua postura de entrega a Deus.

O Pai Amantíssimo, que cuida da beleza das aves dos céus e do seu alimento, da alvura dos lírios e do seu perfume, que a tudo provê, não te deixaria de socorrer, fossem quais fossem os motivos que se erguessem entre ti e Ele, gerando dificuldades.

Em face da tua confiança na justeza das Leis Soberanas, as dores mais excruciantes e os desafios mais perturbadores tornam-se menores do que podem parecer, facultando-te enfrentá-los com naturalidade e certa alegria interior.

Não ignoras que a cada lance vencido alcanças um patamar de maior elevação do que o anterior.

Esse processo deflui do sofrimento bem aceito ou do amor vivenciado com abnegação.

Duas vertentes, portanto, para a felicidade são: a dor que regenera, liberando do caos em que cada um se atirou, e o amor que santifica, alçando a emoções libertadoras.

Não raro, porém, é apresentarem-se juntos esses fatores, facultando àquele que sofre o ensejo de diminuir as humanas dores que se encontram espalhadas no mundo.

Quanto mais abnegado, mais fardos pesados carrega, ensinando como se pode ser feliz sem a necessidade de acumular coisas, de fruir prazeres contínuos, de desfrutar de saúde e de receber aplausos, valores que o mundo estabelece como únicos, mas que, em realidade, são apenas meios para novos empreendimentos iluminativos.

Avança, então, confiando em Deus, sejam quais forem as armadilhas da existência, todas elas defluentes das tuas necessidades interiores de ascensão.

Libertação pelo amor

O botão de rosa que teme o desabrochar, com receio da agressão das pragas e da ardência do Sol, morre, em si mesmo encarcerado, sem que haja libertado o perfume e o pólen que lhe dariam continuidade à existência, fecundando outra planta.

Da mesma forma, aquele que teme experienciar dilacerações para abrir-se à sublimidade, deperece em forças e fenece distante dos objetivos para os quais existe.

O Amigo Incomparável não receou sombras nem dores, espalhando a inapagável claridade da Boa-nova em plena escuridão social e moral da Humanidade, preferindo sacrificar-se para que se lhe pudesse avaliar a qualidade dos ensinamentos, a somente referir-se a eles sem demonstrar a grandeza de que se revestem.

Jamais se queixando ou reclamando das dificuldades do *solo dos corações* áridos, Ele removeu os calhaus, arrancou o escalracho e escavou o duro chão, fertilizando-o com a Sua ternura e umedecendo-o com as Suas lágrimas, a fim de que a semente da Boa-nova encontrasse os recursos necessários à sua fecundação.

[...] E até hoje permanece exemplo ímpar de amor, convidando as criaturas a que se entreguem a Deus, a fim de que Ele continue velando em seu favor.

6

PERMANECE EM PAZ

O afã a que se entregam as criaturas pela posse desenfreada, acreditando que somente valem os recursos que podem ser convertidos em moedas e destaques na sociedade, responde pela insatisfação e pela inconsequência com que se comportam.

Quando as suas necessidades não se fazem preenchidas conforme esperavam, brindando-lhes remunerações que aumentam o orgulho e a soberba, assim lhes facultando desfrutar o triunfo terreno, frustram-se, deprimem-se ou rebelam-se, abandonando as crenças religiosas a que dizem pertencer.

Tornando-se amargas e indiferentes ao próprio como ao destino alheio, não acreditam nos tesouros íntimos da paz nem da autorrealização, porque somente consideram as coisas que abarrotam os espaços, criam ambições, despertam inveja, produzem lutas encarniçadas.

Infelizmente, essa é cultura vigente, que tem início na educação mal-orientada, quando os pais imaturos discutem diante dos filhos o significado das riquezas monetárias, nem sempre acumuladas com o apoio da consciência saudável.

Destacam o poder do ouro e das moedas fiduciárias, em razão das facilidades que proporcionam na conquista das posições relevantes na sociedade, bem como dos prazeres que facultam, sem demonstrarem a responsabilidade de que se fazem acompanhar, quando mal aplicadas ou irresponsavelmente adquiridas.

Demonstram que o luxo e a ostentação prevalecem no mundo como seguranças de êxito que nem sempre corresponde à verdade.

Ademais, consideram como triunfo somente esse poder que resulta da propaganda feita pela mídia, como essencial à existência humana.

Olvidam-se dos valores morais e dos compromissos espirituais, que são a essência da jornada evolutiva, trabalhando as mentes infantis para a valorização de objetos e coisas que, embora sejam úteis, não significam o fundamental como apregoam.

Os educandos passam a identificar a qualidade e o requinte dos recursos dos outros, considerando sua carência como miséria e despertando os sentimentos infelizes da inveja, do ressentimento e da ambição pelo que lhes faltam. E, na impossibilidade momentânea de os possuírem, armam-se de violência para tomá-los à força ou mediante a bajulação, disputando suas migalhas nos banquetes das fantasias a que se entregam.

A pobreza, a dificuldade, a carência constituem bênção que equipam os seres com outros tesouros valiosos que conduzem por todo o sempre, sem qualquer carga de aflição.

Em realidade, o perigo dos bens não está neles, mas nas pessoas que os disputam e conduzem. Despreparadas para a abundância, derrapam na sovinice ou na extravagância,

Libertação pelo amor

raramente os aplicando com a correção que se lhes torna necessária.

Assim, não lamentes o que te falta, antes agradece a Deus o que possuis, com maior propriedade a identificação dos íntimos recursos que te tornam realmente feliz.

Não sobrecarregado de coisas, avanças com passo firme em direção da *Vida Abundante* de onde vieste e para onde retornarás, terminada a tarefa que vieste desenvolver. Estás no mundo para aprender, crescer e desenvolver o teu *Deus interno* e não para acumulares tesouros que ficarão depois que passares pelas paisagens terrestres.

Quando Ciro, o Grande, rei dos persas, enviou os seus soldados para que invadissem a Jônia, particularmente a cidade de Priene, a população desesperada, sabendo do saque de que seria vítima, começou a fugir carregando os tesouros que lhe dificultavam a evasão.

As pessoas desesperadas, agredindo-se, umas às outras, tentavam salvar joias e vasos preciosos, urnas e conjuntos de alto preço, tudo aquilo que lhes representava fortuna, obrigando-se a abandoná-los, a pouco e pouco, para salvaguardar a própria vida.

Na confusão que tomou conta da cidade, Bias, que foi considerado posteriormente um dos sete sábios da Grécia, mantinha-se em grande serenidade.

Interrogado pelos concidadãos a respeito da tranquilidade que demonstrava, esclareceu que todos os seus bens estavam com ele e sempre se encontrariam onde ele se apresentasse. Esses valiosos tesouros não o abandonavam, nem ele os deixava no esquecimento ou que alguém os tomasse.

Ante a resposta inesperada, os interrogantes voltaram à carga, procurando saber quais eram, afinal, aqueles recursos que o tornavam rico e seguiam com ele.

Sem qualquer jactância, o sábio esclareceu que eram as conquistas morais da paciência, da sabedoria, da resignação, do amor, do perdão, da bondade, de que ele armazenara na mente e no sentimento, ao longo dos anos de experiências humanas.

Realmente, são tesouros inapreciáveis, porque as ambições egoístas escravizam as criaturas nas coisas palpáveis, e a ignorância do significado da existência carnal ainda não pôde entender a impermanência da roupagem física e a permanência do Espírito nela mergulhado.

Jesus propôs com sabedoria incomum: *"Acumulai tesouros nos Céus, onde os ladrões não roubam, as traças não roem, a ferrugem não consome."*

Aqueles que vivem para amontoar tudo quanto denominam tesouros desfrutam-nos temporariamente, mas não se podem evadir do plano físico sem os deixar pelo caminho, porque o seu peso faz o corpo dobrar-se, deixando-os cair.

As cabeças idosas dos reis raramente suportam o peso das coroas de ouro e pedras preciosas, usando leves tiaras que os exornam e ficam na sepultura, ou antes.

Em qualquer situação da tua existência, permanece em paz.

Nunca te faltará o necessário nem o essencial à tarefa que vieste realizar, porque o Divino Provedor sempre dispensa os recursos próprios para o ministério que reserva para cada um dos Seus pupilos.

Se, ademais, souberes agradecer e alegrar-te com o que tens, sem pena pelo que parece faltar, mais valioso se te apresentará o que possuis, ensejando-te servir mais e melhor.

O conhecimento do Evangelho de Jesus e sua aplicação no teu dia a dia conceder-te-ão tesouros incomparáveis de paz e de júbilo, como nada mais pode facultar-te.

Aprimora-te, portanto, cada vez mais, lutando para possuir o que consideres justo e necessário enquanto na roupagem carnal, mas preocupado, sobretudo, com os bens inestimáveis do coração e da mente, de forma que, a qualquer momento, quando chamado de retorno ao mundo espiritual, possas abandonar tudo sem saudades, sem mágoas nem inquietações.

7

PODER TERRENO

Nenhum poder na Terra pode ser equiparado àquele que tem sido amealhado pela Igreja de Roma, em nome de Jesus e dos Seus apóstolos.

A partir de Constantino, o Conquistador, e, mais tarde, graças a outros imperadores, impôs-se contra o paganismo, herdando-lhe os tesouros materiais e convertendo-os em objetos especiais para novo culto de adoração a Deus.

Seus templos faustosos e seus museus monumentais acumularam, através da História, um patrimônio que se transformou no maior acervo de beleza, de arte, de grandeza e de glória que se conhece no planeta terrestre.

Espalhados por quase todo o mundo, reúne a mais completa coleção de expressões artísticas de toda parte, em face das edificações obedecerem às manifestações do sentimento e do desenvolvimento ético-moral de cada povo e lugar.

A sua biblioteca extraordinária, no Vaticano, contém incomparável número de exemplares únicos de obras da cultura dos tempos, manuscritos e livros com iluminuras que não têm preços. Pergaminhos, tijolos, pedras, peles de animais, papiros e tabuinhas guardando preciosas informações do passado, constituem uma fonte de riqueza especial, que fascina os colecionadores e os estudiosos.

Objetos preciosos de todos os tipos, esculpidos em jade e ébano, madrepérola e cristais, marfim e metais diferentes, estátuas dos diversos períodos da civilização abarrotam a Santa Sé e as igrejas do mundo, exaltando a glória da cultura e do encantamento.

Loggias ou galerias formosas, afrescos únicos, pinturas incomparáveis, tapeçarias preciosas, ornamentos em ouro, prata, porcelana, construções colossais, nas quais o gênio artístico materializou os seus sonhos, são parte dos incalculáveis bens que lhe sustentam os investimentos nas bolsas de valores das grandes cidades.

Seus depósitos bancários e suas negociações competem com as demais empresas do mercado, amealhando sempre mais com sofreguidão, contratando executivos hábeis para que possam gerir todos esses recursos que surpreendem pela grandiosidade e pelo fausto.

A pompa das suas solenidades, que arrebatam os sentimentos e deslumbram os olhos, rivaliza com a coroação dos reis, e seus cultos de grandiosa exaltação superam todas as cerimônias do antigo paganismo.

A opulência e a majestade excessivas esmagam o observador menos atento, exaltando o luxo e o orgulho que a mantiveram no poder, graças, também, à astúcia dos seus administradores e aos ardis políticos da sua governança durante a Idade Média, adaptando-se com sabedoria às novas regras dos tempos hodiernos.

A sua força, nos mais diversos campos da comunidade humana, ainda constitui um poder que enfrenta as situa-

Libertação pelo amor

ções mais embaraçosas na sociedade terrena, quase sempre lhe concedendo o triunfo.

Se não mais ameaça a estabilidade pessoal do indivíduo mediante condenações e anátemas perversos, assim mesmo consegue gerar situações difíceis para aqueles que lhe caem em desgraça ou não mais lhe são aceitos.

[...] Tudo isso, em nome d'Aquele que não tinha uma pedra para reclinar a cabeça, embora as aves dos céus tivessem seus ninhos e os animais seus covis, como Ele próprio dissera...

A árvore que o Pai não plantou será arrancada, advertiu também Jesus.

Mediante a força demolidora e inexorável do progresso, as construções realizadas sobre a areia movediça das ambições humanas ruem de um para outro momento, como ocorre durante os terremotos, as erupções vulcânicas, os tornados e tempestades violentas, ou lentamente são vencidas pelos camartelos das nobres conquistas.

A alucinação pelo poder que tomou conta de alguns cristãos de épocas já recuadas, e que foi seguida por outros tantos apaixonados pelo relevo social, que fugiam do mundo para melhor dominá-lo, ergueu o império materialista em substituição daquele que ruía e governara o mundo conhecido, representado na decadente Roma.

Exorbitando os direitos que a si mesmos se atribuíam, substituíram a manjedoura modesta e a cruz grotesca, nas quais Ele nascera e morrera, pelo *bezerro de ouro* que os antigos hebreus fundiram para adorá-lO em festa de paixões desenfreadas, no curto período em que Moisés os deixara durante a estada no Monte Sinai...

Tresvariando através dos séculos, em delírios contínuos, atribuíram-se os exclusivos representantes de Deus no mundo e impuseram sujeição a todos quantos passaram a temê-los.

Através de manobras hábeis e de conciliábulos hediondos, desencadearam guerras de destruição para submeter povos e raças que se recusavam a reconhecê-los na loucura que se permitiram, ateando labaredas devoradoras que ceifaram vidas incontáveis.

Simultaneamente, erguendo a cruz, conquistaram povos e nações que passaram a explorar, aumentando o poder e gerando o absolutismo do seu Chefe, que se tornou credor das honrarias destinadas aos reis e governantes da Terra angustiada.

Tudo isso sob o disfarce de servidão a Jesus, cuja coroa foi feita de espinhos e o ridículo manto vermelho que lhe atiraram sobre os ombros feridos, ironizando-O como rei de nada, ao tempo em que ostentava a cana imunda em forma de cetro, para completar-Lhe o conjunto humilhante...

Jamais Ele houvera solicitado qualquer homenagem ou destaque, sempre preferindo os pobres e os sofredores, que recebia sem cerimonial ou agenda adrede estabelecida.

Seu poder sempre foi moral e a Sua era a elevação espiritual de ser perfeito, por Deus criado para servir de Modelo e Guia da Humanidade.

Submetia, sim, os corações à Sua incomparável ternura e as vidas à Sua inconfundível mansidão.

Impunha Sua autoridade de Mestre e Senhor aos Espíritos perversos e insensatos que se compraziam na

Libertação pelo amor

prática do mal, exorbitando dos recursos de que dispunham na condição de desencarnados.

Nunca menosprezou a quem quer que fosse, mesmo que se Lhe apresentasse como Seu declarado inimigo ou severo perseguidor.

Sempre possuía uma palavra justa e oportuna para qualquer situação.

Inclusive, as forças da Natureza submeteram-se à Sua vontade, quando fez aquietar-se o vento e acalmar-se o mar.

Ninguém que se equipare a Jesus!

Somente Ele é o Senhor que nos merece devotamento e entrega, em nome de Deus.

Os que se dizem Seus sucessores, não possuem recursos para renovar almas, silenciar paixões, aquietar tormentos, afastar obsessores, sarar enfermidades.

Possuem, é verdade, muito poder terreno e força nenhuma para representá-lO, não obstante desejem consegui-lo.

Se te encontras sob as tenazes das provas e dos sofrimentos porque O amas, não te aflijas. Antes te regozija, porque o sinal de que estás com Ele é a cruz que te pesa sobre os ombros e o amor que te assinala a existência, quando te dispões a perdoar e a amar mesmo àqueles que te exprobram e malsinam.

Tudo no mundo é transitório, temporal, e, portanto, efêmero.

Tem paciência e confia no amanhã com Ele, avançando na Sua direção, embora te encontres sem a sustentação dos poderosos do mundo, também teus irmãos carentes e infelizes, apesar de não o demonstrarem.

8

SACRIFÍCIO E AMOR

Invariavelmente, quando se fala a respeito da sublime doação do Mestre ao Seu rebanho, entregando-lhe a própria vida, assevera-se que este lhe foi um grande sacrifício, como se Ele não tivesse conhecimento, desde antes, a respeito da necessidade de demonstrar a inefável grandeza do Seu Amor.

O conceito de sacrifício, em tão elevada demonstração de afeto, não se ajusta à realidade, porquanto Ele marchou para o matadouro absolutamente seguro, consciente e confiante da necessidade de fazê-lo, a fim de que, dessa maneira, pudesse despertar os Seus afeiçoados para o significado da Sua entrega total.

Estivera com todos em momentos felizes, oferecendo-lhes bênçãos de saúde e de conhecimento, de esperança e de paz, informando, entretanto, que a existência física não é definitiva e que todos deveriam preparar-se para o enfrentamento com as vicissitudes e os naturais sofrimentos.

Restituía-lhes a saúde, mas não impedia que viessem a morrer.

Proporcionava-lhes júbilos, porém não evitava que fossem visitados pela tristeza que decorre do processo de

Joanna de Ângelis/Divaldo Franco

evolução ante os dissabores e as lições morais de crescimento íntimo.

Concedia-lhes paz, entretanto, não se permitia impossibilitar a luta que cada qual deve travar a fim de autoconhecer-se e de encontrar o rumo da iluminação.

Mimetizava-os com a Sua ternura, todavia, era necessário que se esforçassem para preservá-la.

Jamais deixou de os amparar e auxiliar no crescimento íntimo para Deus.

Abriu-lhes os olhos da alma para o discernimento e para a razão, concitou-os ao trabalho e à solidariedade, vivendo a serviço do Pai, sem jamais queixar-se ou exigir-lhes o que quer que fosse.

Tornava-se, portanto, indispensável demonstrar-lhes a grandeza desse Amor, oferecendo a existência em holocausto no rumo da Vida Eterna, última e vigorosa maneira de fazê-los crer.

Não foi, portanto, um sacrifício, no sentido de um esforço de imolação entre desespero e luta renhida.

Sacrifício ser-Lhe-ia deixar ao próprio destino aqueles que o Pai Lhe confiara para pastorear, conduzindo-os pelo rumo certo do dever e da conquista de si mesmos.

Seria também sacrifício se, por acaso, se houvesse eximido da oferenda máxima de que se tem notícia, para que cada qual pudesse aprender através do sofrimento, que somente no dever se encontra a razão essencial da existência humana.

A cruz, que sempre foi um símbolo de humilhação e de desgraça, de punição e de corrigenda severa, com Jesus tornou-se asas de libertação, facultando o voo no rumo do Infinito.

Em razão disso, Ele doou a Sua vida para que todos a tivéssemos em abundância, lutando pessoalmente, cada qual, por adquiri-la.

Quando se ama, nada constitui esforço, sofrimento, sacrifício.

O amor é tão rico de carinho e de bênçãos, que se multiplica à medida que se oferece, jamais diminuindo de intensidade quanto mais se distribui.

Invariavelmente, as criaturas consideram-no uma operação de reciprocidade, mediante a qual a permuta dos sentimentos faz-se estímulo para o seu prosseguimento.

De alguma forma, porém, essa expressão de amor não deixa de ser o início do processo que o levará à sublimação do querer e do doar.

Saindo do instinto, que é todo posse, matriz do egoísmo perturbador, aformoseia-se com a experiência afetiva, agigantando-se e tornando-se maior na proporção da abnegação e do devotamento de que se faz portador.

O amor nunca se exalta, nem reclama, porque é fonte de compreensão, nada obstante, também de educação das emoções, do comportamento, da vida.

O Mestre sempre ensinava, e o clímax dessas lições foi a Sua crucificação, mediante a qual, em forma de tragédia, atrairia todos a Ele.

O ser humano, infelizmente, ainda necessita do espetáculo ou da terapia de choque, de modo a despertar do letargo a que se entrega.

Isso ocorre em todos os campos do relacionamento social.

Joanna de Ângelis/Divaldo Franco

Quando os fatos transcorrem naturais e sem comoção, não se tornam de aceitação imediata, pacífica e penetrante. No entanto, quando produzem impacto, sensação peculiar, despertam interesse, discussão e aceitação na maioria das vezes.

Eis por que, embora seja o amor a fonte inexaurível de enriquecimento, o progresso do ser como indivíduo e da sociedade como organismo coletivo, tem sido mediante a dor, especialmente estabelecida pelos testemunhos que são considerados sacrifícios do prazer e do gozo imediato.

Dessa forma, a ideia vigente é de que a suprema doação do Mestre seria também um sacrifício em favor dos Seus afeiçoados, quando, diferindo do convencional, o Seu exemplo de enriquecimento é um convite à reflexão. Se Ele, que não tinha culpa, foi conduzido ao máximo de entrega, é natural que as criaturas, caracterizadas pelas cargas emocionais de desequilíbrio e de dívidas morais, não se possam considerar exceção, eximindo-se ao padecimento purificador.

Nele temos a oferenda de ternura e de alegria, embora as excruciantes aflições que padeceu, confirmando a Sua procedência de enviado de Deus, o Messias que as tormentosas condições israelitas negavam-se a aceitar.

Na sua desenfreada alucinação pelo poder e dominação pelo orgulho, mediante o qual a raça eleita governaria o mundo dos gentios, era muito difícil aceitar aquele Rei especial, sem trono nem exército homicida, sem áulicos com trombetas nem embaixadores soberbos precedendo-o.

Como o Seu Reino não era deste mundo, os ministros e servidores não se apresentavam visíveis, senão, à semelhança de João Batista, o Precursor, ou dos profetas que

Libertação pelo amor

vieram bem antes d'Ele e foram, uns ridicularizados, outros perseguidos, outros mortos...

★

Esforça-te, por tua vez, para entender a doação da vida como a entrega amorosa Àquele que a gerou.

Aprende a renunciar aos pequenos apegos, crescendo na direção da superação dos tormentosos desejos, aqueles de grande porte, em homenagem à tua autoiluminação, à tua ascensão.

É sempre necessário morrer, a fim de viver em plenitude.

Tem como exemplo Jesus em todas as situações, e se amas, tudo quanto ofereças não constitua sacrifício nem sofrimento, antes mensagem de alegria e de paz.

9

TERAPIA DO PERDÃO

É imperioso, e mesmo urgente, o impositivo do perdão incondicional, de modo que a paz se estabeleça por definitivo na consciência humana.

Enquanto vicejam os sentimentos de desforço, de animosidade, de rebeldia em relação a pessoas ou a acontecimentos perturbadores, também permanecem os distúrbios da emoção que afetam a saúde fisiológica e o comportamento.

Por mais graves hajam sido as ofensas e agressões sofridas, sempre mais infeliz é aquele que aos demais perturba, mesmo que, conscientemente, não tenha ideia da gravidade sobre a conduta infeliz.

Compreensivelmente, aquele que é ofendido crê-se no direito de justificar-se, demonstrando o erro que o outro cometeu em relação à sua pessoa, ou, pelo menos, reservar-se, permanecer a distância, mantendo o ressentimento que decorre da injustiça de que se tornou vítima.

Tal postura, no entanto, somente lhe trará aborrecimentos e perturbações, porque terminará por desequilibrá-lo.

Joanna de Ângelis/Divaldo Franco

Qualquer tipo de ressentimento preservado transforma-se em morbo que afeta aquele que o conduz, ao tempo em que vitaliza a ocorrência infeliz, mantendo-a sempre presente na memória e na emoção.

Da mesma forma como se torna difícil esquecer a ocorrência danosa, o que exige um grande esforço da vontade, a sustentação da mágoa somente lhe piora os efeitos no sistema emocional.

O ódio, o ressentimento, o medo, o ciúme, o remorso afetam poderosamente o organismo, embora a sua procedência emocional.

As altas cargas vibratórias danosas que são atiradas pela mente no sistema nervoso central irão afetar o aparelho circulatório com resultados negativos para o respiratório, ao tempo em que as glândulas endócrinas serão prejudicadas pelas energias captadas, encaminhando-as ao sistema imunológico que se desestrutura.

Grande número de enfermidades orgânicas e transtornos psicológicos procede dos sentimentos atribulados.

Há pessoas que sabem manipular palavras e situações com habilidade ferina, quando desejam prejudicar a outrem. São pusilânimes e insensíveis a tal ponto que se fazem acreditadas, arquitetando planos danosos que executam com naturalidade, comprazendo-se em infelicitar todo aquele a quem não consegue suplantar.

Quando se fazem inimigas de alguém, são estimuladas na perversidade que lhes constitui os sentimentos vis, mentindo e caluniando com naturalidade, de forma que os objetivos buscados sejam alcançados.

Quase sempre preferem inimizades a afetos, discussões infindáveis e perturbadoras a conciliação e paz, urdindo intrigas em que se comprazem, quando poderiam silenciar acusações indébitas e esforçar-se por manter contatos saudáveis.

São enfermos graves da alma que ignoram as doenças ou preferem continuar nesse estágio ainda primário da evolução.

Qualquer tipo de revide às suas agressões somente lhes constituirá estímulo mórbido para que prossigam na infame conduta.

Perdoa todos quantos te ofendem, sem manter qualquer tipo de ressentimento em relação ao mal que pensaram fazer-te.

Se considerares a agressão que te foi dirigida como uma experiência de que necessitavas para evoluir, permanecerás invulnerável às suas sórdidas consequências. Todavia, se te permitires intoxicar pelas vibrações que dela decorrem, ficarás vinculado àquele que prefere afligir-te, ante a impossibilidade que sente de amar-te.

Perdoa sempre, porque os maus e infelizes, quando detestam e malsinam o seu próximo, não sabem o que estão fazendo.

Volverão, hoje ou mais tarde, pelos caminhos ora percorridos, recolhendo os cardos da sua loucura e perversidade, que se lhes cravarão nas carnes da alma, convidando-os ao ressarcimento.

O odiento perdeu o endereço da vida e desgarrou-se da esperança, jornadeando sem rumo e em desolação.

Aflige os demais, porque se encontra aturdido e os seus momentos de infelicidade são transformados em agressões que aparentemente o tranquilizam, levando-o a esgares que são confundidos com sorrisos de vitória.

Não acreditando nos valores morais que lhe são escassos, não respeita o próximo, aquele que defronta em toda parte, tornando-se-lhe adversário insano.

Estremunhado, em face dos desajustes que experimenta, deseja nivelar todos os demais nos patamares inferiores em que se detém.

Evitando esforçar-se para evoluir, pensa que essa é a única atitude que pode tomar como mecanismo de desforço contra a vida e as criaturas que constituem a sociedade, que infelizmente antagoniza.

Deslocou-se do conjunto social por inferioridade que se reconhece possuir, no entanto, investe contra o grupo, projetando a imagem atormentada que pensa irá inspirar pavor, porque é incapaz de entregar-se ao amor.

Torna-se instrumento das forças do mal que o utilizam para dar campo ao funesto plano de perseguição às criaturas humanas, gerando lamentáveis processos de obsessão individual e coletiva.

Pessoas desse porte são encontradas amiúde, em toda parte, desde o grupo familiar ao social, na esfera das atividades profissionais como nos labores da arte, da investigação científica, das diversões, porque se encontram em estágio inferior da evolução. Embora algumas se apresentem bem-vestidas, falando com entusiasmo e correção de linguagem, sendo bem-apessoadas, o que importa é o seu mundo interior, são as suas aspirações e ânsias de progresso, de destaque, de dominação que, não tornadas realidade, transformam-nas em algozes dos indivíduos que lhes experimentam a sanha ou dos grupos em que se movimentam.

Libertação pelo amor

Perdoa todo tipo de ofensa e de ofensores, de difamadores, de sequazes do mal. Eles não merecem as tuas preocupações nem os teus sofrimentos.

Tens compromissos mais valiosos com a vida, para perderes tempo com mesquinharias inevitáveis do processo evolutivo.

Fita os altiplanos morais e avança, conquistando os espaços desafiadores.

Quem teme tempestades morais não consegue fortalecer-se para as lutas do progresso espiritual.

O teu adversário é também a tua chance de superação de melindres, de paixões egoicas, das pequenezes que te assinalam a existência.

Nunca cedas ao mal, descendo ao nível dos maus. Se os consideras infelizes, atrasados, melhor razão para que te detenhas em patamar espiritual mais elevado, descendo somente para ajudá-los e não para competir com eles nos estranhos comportamentos que assumem.

Perdoar não significa concordar com o ato infame nem com a pessoa desatinada. Constitui o ato de não revidar com o mesmo mal, aquele que lhe é dirigido, permanecendo em melhor situação emocional do que o seu antagonista e em paz.

Jesus, o Psicoterapeuta por excelência, quando lecionou o perdão indistinto, incondicional, constante, ensejou um dos mais formosos comportamentos responsáveis pela saúde e pela harmonia pessoal.

Ele tornou-se exemplo do perdão amoroso, não anuindo com o crime de que era vítima, também não estigmatizando seus algozes com reproche ou censura.

O perdão é medicamento valioso para sarar as feridas da alma e instalar áreas de bem-estar na mente e na emoção.

10

ABRIR VEREDAS

Se ainda não podes construir caminhos seguros para aqueles que virão depois de ti, buscando alcançar a meta para onde rumam, sê tu aquele que lhes abres as veredas na floresta densa.

A senda humilde que amanhã irá facultar a conquista de espaços que se encontram ocultos, um dia será transformada em estrada confortável que favorecerá o acesso rápido aos lugares hoje inacessíveis.

Não te importes com as dificuldades que estão à frente, nem temas os obstáculos que tenhas que superar.

Quem se detém a considerar desafios sem a realização do trabalho, não consegue sair das conjecturas para a ação libertadora.

Todo e qualquer tipo de pioneirismo é sempre caracterizado pela audácia da ação e pelos sacrifícios impostos àquele que intenta romper com o existente, facultando paisagens novas e enriquecedoras para o futuro.

Muitas vezes, esse tentame custa-lhe a própria existência, que, no entanto, oferece com júbilo abrasado pelo ideal.

Joanna de Ângelis/Divaldo Franco

O pioneiro antevê o porvir através do presente, e compreende que é necessário criar condições favoráveis para que se estabeleçam parâmetros de equilíbrio quando se tem por meta conquistar a felicidade real.

No que diz respeito à fé religiosa proporcionada pelo Espiritismo, torna-se urgente ampliar-lhe o campo de realizações, tendo em vista os desafios morais e as dificuldades espirituais vividos pelo ser humano nos dias modernos.

Enquanto proliferam os convites à sensualidade e à indiferença pelos valores do Espírito imortal, parecem diminuir o ardor e o entusiasmo daqueles que se afeiçoam ao Bem e à Verdade, talvez desmotivados pelos resultados pífios dos seus esforços, apesar de respeitáveis.

O mensageiro da luz não se pode permitir o luxo do abatimento quando os frutos da sementeira não se apresentam abundantes de imediato.

O seu combustível de sustentação da fé idealista provém das fontes inexauríveis do Amor de Deus e, para tanto, é indispensável que envide esforços contínuos, preservando os sentimentos decorrentes do entusiasmo, de modo que os enfrentamentos sejam feitos dentro do clima de alegria e de irrestrita confiança nos objetivos perseguidos.

A mudança de padrões no organismo social é sempre uma tarefa hercúlea, que se prolonga por tempo indeterminado. Quando diz respeito à decadência dos valores éticos, isso ocorre com facilidade em decorrência dos atavismos que remanescem em a natureza humana, procedentes das faixas primárias por onde o Espírito transitou e de cujos efeitos danosos ainda não se libertou totalmente. Todavia, quando se trata de contribuições dignificadoras, as que promovem o ser e a Humanidade, gerando novos hábitos morigerados e saudáveis, a sua implantação torna-se muito mais difícil, exigindo desprendimento e abnegação de todo jaez, que somente o amor ao idealismo da verdade e do progresso consegue fortalecer para conquistar.

É natural, desse modo, que escasseiem no organismo social o número de pioneiros, de líderes que se entregam ao gigantesco programa de preparar as bases da sociedade melhor e mais feliz de amanhã.

Não desanimes, nunca, nem te canses no ideal que abraças, como seja o de construir o mundo melhor do porvir, no qual acreditas e ao qual te vinculas desde hoje.

Pode parecer insignificante o teu logro, porém, trata-se de passo inicial que facultará novas experiências e grandiosas conquistas.

Quem veja a plântula débil, que terá de enfrentar fatores mesológicos adversos, não se dá conta de que serão eles que a enrijecerão, preparando-a para a grandiosidade da vida a que está destinada.

Da poeira cósmica nascem as galáxias, e o minúsculo embrião animal é responsável pela vida que esplenderá logo mais.

Todo início é desafiador e complexo. Torna-se necessário ser assim, a fim de alcançar o futuro grandioso.

O estatuário, fitando o bloco de pedra, vê as formas que se encontram ocultas no seu imo. O seu trabalho consiste em retirar tudo quanto cobre a figura deslumbrante até que esplenda no mundo exterior.

Quando alguém contempla uma obra concluída e fascina-se com a sua grandiosidade, não pensa no esforço desen-

Joanna de Ângelis/Divaldo Franco

volvido por aqueles que a realizaram, nem ocorre evocar-lhe o incrível esforço que constituiu o primeiro movimento.

Não te detenhas, portanto. Segue, abrindo veredas enquanto avanças no rumo da desencarnação.

Cada momento da tua existência é muito útil para ti mesmo, pelo que te facultará construir, renovar, produzir.

Não é importante que sejam realizações grandiosas, porquanto muitos daqueles que aguardam realizá-las veem o tempo seguir adiante e eles permanecem planejando, sem nada construir.

É imperioso que não interrompas o teu compromisso para com a vida, que não te preocupes com o que pensam de ti ou o que comentam a teu respeito, em tentativas inditosas de desviar-te do objetivo que buscas ou de impedir-te prosseguir na caminhada.

Jesus iniciou o Seu ministério sem realizações bombásticas nem ameaçadoras ao *status quo*.

Atendeu, inicialmente, as necessidades mais prementes e constantes das pessoas, suas ansiedades, suas doenças, suas inquietações, seus sofrimentos...

Utilizou a palavra como instrumento de edificação eterna e aplicou-se ao ministério de renovar as ideias, inspirando sentimentos de amor, como insuperáveis para a conquista valiosa da paz.

Nunca se submeteu aos impositivos da política dominante nem das paixões em primazia.

Lentamente abriu picadas de bem-estar e de esperança no *solo áspero* dos Espíritos infelizes e rebeldes, propiciando-lhes a alegria de que se haviam divorciado, dominados pela revolta e indiferença aos dons da vida.

Enfrentou todos os tipos de impedimentos imagináveis, nunca, porém, cessando de dar prosseguimento ao ideal de iluminação das consciências humanas.

Experimentou abandono, traição, infâmia e crueldade, no entanto, legou-nos a experiência sublime do amor que vem sustentando a Humanidade nos dois últimos milênios.

Prossegue abrindo veredas, modestas que sejam, e colocando luz nas sombras que defrontes.

Não tenhas a presunção de solucionar os problemas magnos da sociedade, mas mantém a consciência de que sendo parte dela, tudo quanto faças será refletido no seu conjunto.

Pouco importa que o futuro não saiba do teu esforço, como ocorre no presente que te desdenha a ação.

O fundamental é que faças o que te foi recomendado e aceitaste antes de renascer no corpo atual, prosseguindo fiel até o fim das tuas forças.

11

ENFERMIDADES SIMULACROS

A mente é dínamo gerador de energias, responsável pela elaboração, manutenção e prosseguimento de realizações compatíveis com a qualidade de onda emitida.

Emanação do Espírito, tipifica-lhe a estrutura evolutiva, respondendo pelas conquistas morais acumuladas, sejam aquelas de natureza edificante e iluminativa ou procedentes do primarismo e da opção pela ignorância em que se compraz.

O desenvolvimento moral é lei inalienável do progresso que vige em a Natureza, impulsionando tudo e todos à conquista da perfeição que lhes está destinada.

Procedendo das etapas anteriormente vivenciadas, o Espírito armazena as experiências, elegendo aquelas que mais profundamente lhe assinalam o comportamento, detendo-se ou rompendo os grilhões em vigorosa decisão de alcançar a liberdade.

Herdeiro incondicional das ações transatas, sobre esse alicerce de vivências ergue as novas construções, utilizando-se do material que lhe é próprio ao manejo moral.

Conforme a emissão da ideia e a sua qualidade vibratória, surgem os efeitos correspondentes.

Nesse desiderato, as emoções fortes, as sensações animalizantes exercem-lhe forte predominância, impondo-se, de maneira que não sejam necessários esforços ou sacrifícios hercúleos para superá-los, efeito normal da acomodação ao nível evolutivo em que transita.

Em consequência, repetem-se os gravames, mantêm-se as dependências viciosas até quando os mecanismos das Soberanas Leis impõem mudanças enérgicas, normalmente dolorosas, mediante expiações excruciantes.

Quando essas heranças mórbidas prevalecem na economia espiritual do ser, as irradiações mentais são deletérias, dando lugar ao surgimento de enfermidades reais, assim como também simulacros delas.

Há uma inconsciente necessidade autopunitiva no ser humano, que passa a adotar uma conduta enfermiça decorrente dos perniciosos hábitos mentais.

Cultiva-se o pessimismo, e experimentam-se contínuos insucessos feitos de aflições.

Persiste-se na queixa, e o morbo da perturbação assenhoreia-se das paisagens emocionais.

Mantém-se a autocompaixão, e desenvolve-se o processo de desintegração das resistências orgânicas.

Detendo-se na observação negativa em torno dos acontecimentos da existência, advêm a desistência da luta e a entrega ao desânimo.

Insiste-se no armazenamento de tristezas e mágoas, facultando-se a depressão...

Libertação pelo amor

Cada tipo de comportamento mental vivenciado apresenta-se como fenômeno correspondente de natureza emocional ou física.

A princípio, são construções mentais, transformadas em manifestação hipocondríaca. Posteriormente se instalam os processos doentios, impondo ao organismo, nas suas várias expressões, a desorganização e o distúrbio que se agravam na sucessão dos dias.

O hipocondríaco, em geral, é Espírito que carrega consciência de culpa insculpida nos seus alicerces vibratórios.

Práticas hediondas que passaram ignoradas do grupo social em que se movimentava, geraram a culpa de que agora não consegue ou prefere não se libertar.

Logrou enganar a todos com os quais convivia, mas não se pôde evadir do conhecimento dos delitos praticados.

Ocultou com habilidade especial a conduta vulgar e promíscua a que se entregou, mantendo, porém, o lado escuro da personalidade, que soube escamotear, mas não se pôde furtar ao conhecimento da própria vilania.

Não se desobrigou conforme deveria de responsabilidades e dos deveres que lhe diziam respeito, mascarando-se de pessoa honesta e leal, no entanto, não teve como encontrar recursos para o autorrespeito e a autoestima necessários ao equilíbrio emocional.

Desfrutou de regalias imerecidas e de situação privilegiada, graças aos métodos escusos de que se utilizou com eficiência, todavia, não anulou o conhecimento desses desaires que se permitiu defraudando a vida.

É natural que a culpa agora ressurja em forma de necessidade de punição, de falta de autoamor, de desconsideração por si mesmo, fazendo que desbordem conflitos internos a fim de chamar a atenção, desde que não dispõe de outros recursos para fazer-se notado, nem possui autoconfiança para viver em paz.

A culpa é algoz insuperável, porque se encontra instalada na consciência do revel.

Ninguém lhe conhece o crime, mas o culpado sabe-o e não se perdoa, mesmo quando procura justificativas para os desvarios cometidos.

Para diluir esse algoz severo, é necessária a reabilitação moral por intermédio da recuperação do patrimônio da dignidade perdida, mediante ações nobilitantes, atitudes altruístas, sem qualquer tipo de disfarce ou manobra ardilosa a que se acostumara.

O exercício da oração, desnudando-se emocionalmente e liberando-se de autojustificações indevidas conduz aos comportamentos de benemerência e de reequilíbrio, fomentando a alegria de viver e de amar.

Não sendo utilizado este mecanismo liberativo acompanhado por terapias competentes, tomba-se em enfermidades reais que passam a consumir a emoção, o corpo e a desarticular os mecanismos psíquicos.

Em face das irradiações mentais de baixo teor vibratório e da culpa vigorosa, Entidades perversas que foram ou não vítimas do enfermo, acercam-se-lhe com os seus sentimentos torpes e pioram-lhe o quadro mental, dando início a graves obsessões de difícil liberação.

Libertação pelo amor

Tem cuidado com as emanações mentais, as ideias cultivadas, os pensamentos preservados na câmara íntima do ser que és.

Pensa na saúde e busca-a mediante comportamentos mentais e morais recomendáveis.

Insiste na reabilitação pessoal e trabalha por consegui-la sem desfalecimento.

Identifica alguns valores positivos que vigem em ti e desenvolve-os mediante o exercício do bem-fazer.

Culpa? Nunca!

Se errares, recomeça, recuperando-te e seguindo adiante.

Só o amor é possuidor dos excelentes recursos que geram paz, trabalho edificante e saúde real.

Evita, portanto, qualquer tipo de enfermidade simulacro para esconder tuas culpas atuais ou passadas e sê transparente, leal e honrado em teus pensamentos, palavras e atos.

12

EMPRESAS

No mundo moderno, atulhado de alta tecnologia e de muita extravagância, os conceitos da simplicidade e da abnegação tornam-se combatidos tenazmente, de maneira a cederem lugar à automação, à excentricidade e aos interesses do lucro imediato.

Tecnocratas e executivos de alto porte digladiam-se para alcançar metas cada vez mais audaciosas, em lutas renhidas, embora o respeito que nos merecem os seus esforços e pessoas, objetivando projeção e insaciável poder.

Transformam situações de bondade em lugares de investimentos e os seus procedimentos sempre se firmam em inversões e programas de rendas como essenciais.

Fixados em tabelas estatisticamente comprovadas e movimentando com habilidade os cálculos do mercado através das bolsas, estabelecem prazos de usura em todos os negócios e entregam-se às aquisições de alta rentabilidade.

Enriquecem e promovem a altos níveis as empresas para as quais trabalham sob altos estipêndios e compensações com sofreguidão e estresse, até quando são desalojados pela aposentadoria, pela velhice e pela morte...

Empresas não têm alma, nem pulsa, nos seus mecanismos automáticos, qualquer tipo de coração.

As criaturas que nelas se esfalfam são peças da sua engrenagem, e, por mais importantes que se façam, são sempre substituíveis por outras mais produtivas para o conjunto em incessante renovação, decorrência natural dos novos instrumentos apresentados pelas indústrias de promoção e de atualização.

O pensamento empresarial é linear, direto, calculista, destituído de sentimento de amor, de misericórdia, de compaixão.

Às vezes, a empresa começa no fundo do quintal e torna-se poderosa com o tempo e o exaustivo trabalho, sem que os seus iniciadores, que se exauriram, logrem fruir-lhe os benefícios que passam para as gerações que os sucedem.

É verdade que facultam o progresso na Terra, mas também respondem por muitas misérias e violências morais, econômicas e sociais...

As empresas formidandas, que investem parte dos seus lucros em programas de educação, de higiene, de saúde em favor de vidas, não poucas vezes sugam outras tantas que se lhes submetem como escravas, com salários miseráveis, na ânsia de incessante aumento de produção.

São valiosas essas contribuições empresariais, embora também responsáveis por competições destrutivas, espionagem sórdida, prepotência dramática, comportamentos absurdos.

Certamente é inevitável a marcha e o avanço da Cultura, da Ciência e da Tecnologia, das empresas e monopólios perversos, hediondos.

Libertação pelo amor

Suas regras e delineamentos invejáveis são próprios para o seu selvagem desenvolvimento, mas não devem ser aplicados em todos os labores que se realizam na Terra, especialmente naqueles de origem espiritual, que têm compromisso com o amor e a verdade, pelo menos por seus objetivos.

★

Com Jesus, a empresa é de solidariedade, de benevolência, de paz.

Nela não há lugar para os rigores nem as exigências que ferem a fraternidade, o respeito pelas vidas, pelo sofrimento, pelos operários menos valiosos, aqueles que não são tão hábeis ou se apresentam mais morosos...

A tentação de trazer para o serviço do Mestre as técnicas esdrúxulas, os códigos frios e as atitudes autoritárias dos empresários dominadores faz-se de contínuo, ameaçando a vera caridade, que deve sempre ser a bandeira erguida por aqueles que se Lhe dedicam.

Vota-se com entusiasmo para equipar-se o ninho de amor e de auxílio recíproco, de socorro aos que buscam servir, embora se encontrem sob terapias libertadoras, em depressões profundas e desequilíbrios deploráveis, incluindo os cooperadores-máquinas habilidosos, não poucas vezes insensíveis, igualmente destituídos de compromissos com a proposta do Amigo incomum e do Seu Evangelho.

Pensando-se sempre em ganhar-se mais dinheiro, em melhorar-se a aparência do trabalho, em utilizar-se as técnicas de propaganda para tornar-se conhecido o labor, na condição de produto de venda e de exportação, em projetar-se as imagens trabalhadas pela maquiagem do mercado explorador, ficam em plano secundário, senão esquecidos, os compromissos com a simplicidade do sentimento e a humildade do comportamento.

Vigia as nascentes do coração de onde brotam os bons como os maus pensamentos, e tem cuidado.

Não te deixes arrastar pelos palradores e mercadológicos, entusiastas em favor das transformações imperiosas e imprudentes, sonhadores do mundo que não conhecem as regras do Evangelho nem a conduta espírita.

A empresa de Jesus é diferente, preservadora da união de todos os seus membros, sem jamais ter lugar o campeonato da dissensão.

No Seu estatuto, o maior é sempre quem melhor serve e não aquele que mais se exalta.

À disputa pelas posições de relevo que, afinal, não existem, o esforço prevalece para ser o mais bem devotado servidor.

Esse candidato que chega, não elimina aquele que se encontrava no trabalho, antes se lhe torna cooperador. Por sua vez, sem temer quem se aproxima, aquele que está a serviço faculta-lhe a compreensão do serviço, entrosando-o no grupo fraternal onde deseja mourejar.

Não dispensa os servidores debilitados, mas providencia para que sejam encaminhados para outras áreas quando equivocados e incapazes.

Não abre espaço para a ingratidão àquele que ofereceu o melhor da sua existência, trabalhando nos alicerces da obra, e hoje, cansado, desatualizado, é deixado no paredão do abandono.

Nunca olvida os sofredores, pensando apenas no azinhavre decorrente do acumular de mais moedas.

Libertação pelo amor

Alarga a caridade que socorre a necessidade e ilumina o ser, libertando-o da ignorância.

O respeito pelo outro é normativa de conduta permanente, e a consideração para com o ausente impede o desenvolvimento da maledicência, da calúnia, da perseguição gratuita, decorrentes da antipatia que possa viger no grupo.

A empresa de Jesus, na atualidade, ainda deve inspirar-se no programa e na ação da Casa do Caminho, erguida por Simão Pedro em Jerusalém nos dias apostólicos.

São, certamente, estes novos e outros tempos, bem como diferentes as suas leis.

As criaturas humanas, no entanto, são quase as mesmas, vivendo condições e situações bem equivalentes.

Respeitar a modernidade, sim, porém, não permitir que alguns dos seus métodos de comportamento minem os compromissos para com a bondade e o bem.

Precauções argentárias e cuidados previdenciários devem ser observados, nunca, porém, o esquecimento do apoio da Providência Divina, que jamais falta.

Amealhar para não faltar é atitude correta, nunca, porém, acumular enquanto o crime e a morte vigiam a miséria para arrebatá-la.

Nessa empresa, a de Jesus, os métodos são especiais e não compatíveis com os daquelas organizações mundanas.

Se o membro da equipe vai-se embora, não o impeças, todavia, jamais o dispenses, porque aparentemente podes substituí-lo por outro que será contratado, remunerando financeiramente...

Apesar de alguns serem necessários, como é compreensível, na empresa de Jesus as suas ambições são espirituais, evitando-se os riscos daqueles estabelecidos pelos sindicatos e legislações que nunca se bastem...

★

"*O meu reino não é deste mundo...*", afirmou Jesus com ênfase.

Não te enganes, não iludas a ninguém.

"*[...] Vem trabalhar hoje na minha vinha...*", convidou com segurança, propondo o dever do serviço ao próximo e à autoiluminação.

"*[...] Digno é o trabalhador do seu salário...*", estabeleceu como fundamental, mas na Sua obra, o salário será sempre a caridade para consigo mesmo e para com o seu próximo.

Tem cuidado com o mundo e as suas armadilhas!

Leva Jesus a ele, mas não tragas o mundo nem implantes os seus métodos na Sua empresa.

13

TRABALHADOR VOLUNTÁRIO

Entre as magistrais parábolas do Mestre, destacamos uma, referida por Mateus, no capítulo 21, versículos 28 a 30, atualizando-a no seu conceito e oportunidade:

Refere-se a um pai que tinha dois filhos, e, dirigindo-se ao primeiro, disse: — Filho, vai trabalhar hoje na minha vinha.

Ele concordou, mas não foi.

Então, o pai disse o mesmo ao segundo, e ele, negando-se, após meditar, foi.

Trabalhar na vinha! — Eis o grande desafio para o cristão decidido.

Não basta aceitar o convite para o trabalho, sendo essencial, no entanto, entregar-se-lhe, meditando antes na responsabilidade e nas vantagens decorrentes da sua doação.

Nenhuma seara produz se o solo não for arroteado, semeado; quando surgir a plântula, cuidá-la e defendê-la das intempéries e pragas, a fim de coroar-se de flores, de frutos e de novas sementes.

Esse labor é constituído por esforço contínuo e confiante, sem queixa nem reclamação, de modo que, ao longo do tempo, torne-se coroado pelas bênçãos aneladas.

Na atualidade, quando as necessidades humanas apresentam-se multiplicadas e há tanta escassez de amor quanto de bondade, é imprescindível que aquele que conhece Jesus se entregue ao trabalho na vinha de maneira voluntária.

Todos dispõem de minutos que se perdem na inutilidade e que podem ser transformados em entrega voluntária ao bem.

Uma palavra amiga, o cumprimento dos deveres com retidão, porém, assinalado com o algo mais da bondade, a dádiva de um sorriso gentil, o socorro sob qualquer aspecto que se apresente, são oportunidades de exercer-se o trabalho voluntário.

Existem, também, as horas disponíveis, não poucas vezes gastas na futilidade, na insensatez, na queixa, no azedume, na amargura, na depressão, que podem ser transformadas em trabalho voluntário em instituições que se entregam ao amor e ao socorro do próximo.

Não há moedas que possam conseguir um gesto de puro amor, nem salários que produzam doação profunda.

A ação voluntária, no entanto, enriquece aquele que a pratica e engrandece quem a recebe.

O trabalhador voluntário é como uma luz acesa na noite, talvez batida pelo vento e resistindo-lhe, de forma que a claridade possa apontar rumos a quem se encontra perdido nas sombras.

Nenhum pagamento em moedas pode compensá-lo completamente, porque a sua é uma dádiva de amor.

Se, no entanto, alguém serve na condição de funcionário, pode ser voluntário também na maneira como trabalha, doando algo mais que o contrato não exige nem estipula. Esse algo mais é a sua contribuição à vinha.

Libertação pelo amor

— Filho – disse o pai –, vai trabalhar hoje na minha vinha.

Hoje, porque amanhã talvez haja passado a oportunidade, sejam diferentes as condições, a vida possivelmente tenha mudado os rumos existenciais...

★

Se já podes sentir o hálito do Amor do Cristo nos teus sentimentos, transforma-o em serviço ao teu próximo de maneira voluntária.

Não esperes recompensa de qualquer natureza, porque és tu aquele que pretende ajudar, e não receber socorro.

É natural que o bem, quando é executado, permeie de felicidade aquele que o pratica. No entanto, o objetivo não é negociar com a ação fraternal, esperando benefícios e resultados maiores do que os esforços empregados.

A tua é uma doação valiosa, quando direcionada à vinha do Pai.

Servir é honra que te enriquece de vida e de responsabilidade, amadurecendo os teus sentimentos e enobrecendo-te interiormente.

Existem aqueles que desejam trabalhar voluntariamente, porém, impondo condições, paixões, comportamentos. Não são doadores, mas aproveitadores de ocasiões para autobeneficiar-se.

Desejam servir realmente, mas desestruturados psicologicamente e portadores de comportamentos irregulares, logo chegam ao campo de ação e pretendem receber homenagens, ser destacados, encontrar espaço para a vanglória pessoal, servindo-se da situação para o próprio e não para o bem-estar dos outros.

Joanna de Ângelis/Divaldo Franco

São sensíveis em demasia e facilmente reclamam de tudo, ameaçam abandono da tarefa que elegeram espontaneamente, acreditando-se indispensáveis, esquecendo-se de que chegaram depois da obra estruturada, não havendo sido os criadores nem os sustentadores dela.

Possuidores de melindres em excesso, desagradam-se com qualquer ocorrência, totalmente olvidados do compromisso de contribuir em favor da ordem e do progresso no campo de ação no qual se localizam.

Impõem, sem palavras, a retribuição ao seu trabalho, tornando-se membros enredados em comentários infelizes, em maledicências... Ao invés de apagar o incêndio do mal que encontram, colocam mais combustível na fogueira, e dizem que o lugar não é conforme pensavam, nem que as pessoas que ali mourejam são o que demonstravam...

É natural que assim seja, pois que todos aqueles que lá estão se encontram na mesma situação de necessitados espirituais em processo de recuperação, conforme ocorre com o voluntário que chega.

Ser voluntário representa possuir um tesouro de amor para repartir e não ser o carente que espera receber proteção e ajuda que aparentemente viera para distribuir.

Consciente, portanto, do quanto podes fazer, torna-te o trabalhador voluntário que irriga as vidas com alegria e aplaina o caminho por onde outros passarão, sem a preocupação de que eles saibam quem foi o preparador da vereda por onde agora seguem sem dificuldade...

O trabalhador voluntário, consciente do significado daquilo que pode oferecer, é como uma gema preciosa que reluz ante a mais débil claridade, desvelando sua beleza interior.

Libertação pelo amor

Quando chega, produz empatia; quando parte, deixa vazios emocionais.

Torna-se a alma do trabalho, porque este é seu alento de vida.

★

O maior exemplo de trabalhador voluntário temos em Jesus que somente se dedicou a todos, sem qualquer pedido de retribuição.

Prometendo o Reino dos Céus, modificou as paisagens da Terra.

Trabalhando sem cessar, confirmou que também o Pai até agora trabalha.

Terapia abençoada, o trabalho é mensageiro de recursos emocionais, psíquicos e orgânicos que restauram o bem-estar no ser humano e impulsionam-no ao crescimento interior, ao desenvolvimento de valores que lhe dormem inatos, preparando-o para a libertação dos impositivos materiais quando chamado de retorno à vida.

"[...] Filho, vai trabalhar hoje na minha vinha" – propôs o genitor. – *"Ele negou-se, porém, meditando depois, foi.*

Medita e considera a oportunidade que o Pai te concede desde há muito, e ainda não te decidiste por ir trabalhar na Sua vinha.

Assim, reflexionando, vai hoje...

14

LAMENTÁVEL EQUÍVOCO

Convencionou-se que felicidade é despreocupação, logo seguida de alegrias em paisagens rutilantes de Sol e de bem-estar.

Para fruí-la, até a embriaguez dos sentidos, basta acumular haveres ou recebê-los de outrem, de modo que a despreocupação acompanhe a trajetória do indivíduo fútil e ditoso.

Lamentável equívoco tal conceito, porquanto esse estado, mais de prazer do que de felicidade, somente existe como alguma forma de utopia.

A existência humana é uma sucessão de desafios, mediante os quais os valores morais se fortalecem na luta, desenvolvendo as potencialidades íntimas do ser.

Qualquer anseio por comodidade sem ação dignificadora transforma-se em indolência que trabalha em favor da decomposição moral e emocional do indivíduo.

Aquele que não se vincula a um labor, exercitando a mente, vitalizando a emoção, acionando o corpo, avança para a desorganização da existência e converte-se em parasita social, nutrindo-se do esforço alheio e das concessões da vida, que não deseja retribuir.

A constituição orgânica é susceptível de alterações sutis ou expressivas, sempre manifestando situações que alteram completamente os quadros ilusórios do prazer que é sempre de breve duração.

Como consequência, os estados emocionais estão sujeitos a mudanças de humor, mesmo quando, aparentemente, tudo transcorre bem.

Essa satisfação, disfarçada de felicidade, também oculta situações penosas em que o Espírito se encontra.

Pode indicar leviandade e desinteresse em relação aos acontecimentos morais, ou mesmo manifestar-se como síndrome de alguma alienação mental em processo de agravamento.

A criatura responsável não se aquieta no banquete do prazer, nem se amolenta no veículo do comodismo, desfrutando sem produzir, gozando sem favorecer aos demais.

É propelida ao esforço do automelhoramento, e, para tanto, empreende lutas e sacrifícios que lhe exigem tensão emocional, desgaste de energias físicas que, no entanto, renovam-se sem cessar, em face do próprio estímulo a que são propelidas.

O riso, que expressa alegria, quando deslocado no tempo e na oportunidade, demonstra desequilíbrio, falta de sensatez, porque momentos se apresentam que exigem seriedade, reflexão.

Certamente que o sofrimento não representa felicidade, se olhado sob o ponto de vista do imediatismo social.

Pelo contrário, a sua presença no trânsito carnal constitui convite à avaliação de como transcorrem os dias e as experiências, tornando-se uma advertência em torno da maneira de se viver.

Libertação pelo amor

O ser humano é um *conjunto eletrônico* regido pela consciência, que se exterioriza do Espírito imortal.

★

Pretendendo alcançar a meta programada para a reencarnação, desperta para a realização do teu processo iluminativo.

Se visitado pelas dores de quaisquer matizes, não te aflijas em demasia, antes considerando que elas são mecanismos expungitivos que a vida te proporciona, a fim de que redundem como alegrias reais.

Se a escassez de recursos econômicos te constringe ou se problemas se apresentam na área da saúde, de forma alguma consideres o evento como uma desgraça, valorizando a experiência como recurso de aprendizado e renovação de comportamento que trabalha pela tua edificação pessoal.

Se sofres perseguições e te vês a braços com problemas que exigem atenção, mantém-te sereno e encontrarás meios para superá-los todos.

Se a ausência de afeto, de companheirismo para ajudar-te na escalada evolutiva magoa-te, renova-te na esperança de que amanhã encontrarás a alma querida que, no momento, não pode estar ao teu lado.

Melhor a solidão, não poucas vezes, do que as companhias turbulentas, afligentes e desesperadoras, mediante as quais são impostas reparações morais muito complexas.

Em realidade, felizes são todos aqueles que, na Terra, por enquanto, experimentam aflição e abandono, enfermidades e dores, porque esses são recursos valiosos de que se utiliza a Divindade para facultar o aprimoramento do Espírito que se aformoseia na luta de crescimento íntimo.

Joanna de Ângelis/Divaldo Franco

As pessoas que se banqueteiam no conforto e na saúde, na beleza e no prazer, desfrutando de facilidades sem que retribuam de alguma forma, encontram-se em parasitose doentia, explorando os tesouros do Amor de Deus, que devem ser multiplicados para o atendimento de todos os Seus filhos.

Com que direito se atribuem, esses indivíduos, o mérito para existências privilegiadas e regimes de exceção, quando as demais pessoas encontram-se em batalhas contínuas para a aquisição do apenas necessário à sobrevivência?

Sucede que esses que ora sorriem na indiferença das alheias aflições serão chamados a contas e deverão compreender que felicidade, na Terra, é lamentável equívoco dos seus sentidos físicos e presunção como vanglória do seu desenvolvimento intelectual.

Riam, portanto, os que sofrem hoje, porque, concluídas as provas em que se encontram, desfrutarão da felicidade, ora escassa, que se lhes instalará no coração, fruindo as bênçãos da paz de consciência.

Pode parecer paradoxal tal colocação. Nada obstante, é a realidade, porquanto todo aquele que recebe na contabilidade da vida é devedor, enquanto aqueloutro que doa, é credor.

Aqueles que ora desfrutam, encontram-se em provas de avaliação de conduta, a fim de que aprendam a aplicar, conforme a Parábola das Virgens Loucas e das Virgens Prudentes que receberam combustível com finalidade exclusiva, que não podia nem devia ser utilizado inadequadamente.

★

Libertação pelo amor

Por essas razões, convencionou-se, também, por outro lado, que tais afirmações, essas que fazemos, são apologia ao sofrimento, necessidade masoquista de realização pessoal.

Mais um equívoco esse, que a mínima lógica se encarrega de diluir, tendo-se em vista a brevidade da existência física e a perenidade do existir como Espírito.

Agradece, portanto, a Deus, os teus testemunhos, as tuas lutas ásperas, as tuas ansiedades e carências.

Conforme os administres hoje, poderás revertê-los em júbilos, em paz e em prosperidade para amanhã.

Equívoco é pensar que a existência humana é uma viagem ao país da fantasia e da ilusão, não uma experiência de aformoseamento do caráter e de desenvolvimento do Espírito.

Por isso, Jesus foi muito enfático ao asseverar:

– *"[...] O meu reino não é deste mundo..."*; portanto, a felicidade igualmente não o é.

15

PROCESSOS ENFERMIÇOS

Considerando-se a complexidade da maquinaria orgânica e o desgaste que lhe é imposto pelo uso no processo da evolução do ser, pode-se compreender com facilidade a razão pela qual se lhe instalam processos enfermiços.

Constituída por equipamentos muito delicados, que funcionam em conjunto com as sutis vibrações que defluem do Espírito reencarnado, a sua harmonia depende essencialmente da ordem dos pensamentos e emoções dele procedentes.

Elaborada conforme as necessidades que defluem das realizações anteriores em existências transatas, é mecanismo vivo e pulsante, que sempre requisita cuidados e atendimento contínuo.

Qualquer desajuste no sentimento e logo se apresentam distúrbios equivalentes no *conjunto eletrônico* encarregado de mantê-la em funcionamento ajustado.

Todo tipo de agressão física, resultado de excesso ou de escassez de manutenção, e surgem falhas que se transformam em deficiência de preservação do equilíbrio.

Joanna de Ângelis/Divaldo Franco

Diferentes e contínuas atividades que lhe exaurem as energias facultam-lhe distonia perturbadora, que exige recuperação da estabilidade ideal para o seu correto funcionamento.

Fenômenos morais de ontem que geraram deficiência na estruturação dos órgãos, e abre-se campo para a instalação de enfermidades variadas.

Dirigida pelo Espírito, consciente ou inconscientemente, é admirável conjunto de mecanismos interdependentes, cuja funcionalidade está adstrita ao equilíbrio de cada um e do todo.

Organizada para enfrentar os desafios de toda natureza, é resistente ao extremo de suportar a variação climática, atmosférica e ambiental. Nada obstante, uma delicada picada de alfinete contaminado e põe-na em risco de decomposição e morte de tecidos que não se refazem.

O corpo é instrumento da vida para a saga da iluminação da consciência, despertando os tesouros divinos que dormem latentes no Espírito imortal.

Veículo de alto significado, sua composição grandiosa e delicada está a serviço da evolução, facultando o crescimento para Deus, de cujo amor e sabedoria procedem todas as coisas.

Preservar-lhe o equilíbrio mediante respeito pela sua configuração, cuidados pela sua preservação e renovados exercícios mentais, emocionais e morais para o seu prosseguimento, constitui dever de todos quantos adquirem a consciência de responsabilidade em torno da vida física.

Eis por que os processos enfermiços instalam-se em pessoas interiormente desestruturadas, cuja organização resulta dos compromissos espirituais malversados.

A fim de que se reorganizem os equipamentos, quando danificados ou vencidos por invasão bacteriológica, todo um hercúleo esforço deve ser desenvolvido, partindo do ser interno – o Espírito reencarnado – em direção à forma e suas estruturas orgânicas.

Todo instrumento para funcionar com harmonia exige plena identificação vibratória com os seus componentes, afinação e resistência, de modo que não haja qualquer diferença no balanceamento das suas peças.

Assim também ocorre com o corpo.

Elaborado pela Lei de Causa e Efeito tem, como finalidade precípua, servir de veículo para o inevitável conquistar do Infinito, a que estão fadadas todas as pessoas.

Apesar disso, desvios de conduta mental, em face dos vícios cultivados anteriormente, opção pelas sensações grosseiras e animalescas de que se deveria libertar, abuso das funções específicas para objetivos próprios, utilização de tóxicos e venenos de toda ordem, sobrecarregam os tecidos delicados, produzindo inarmonia vibratória com consequentes danos de funcionamento.

Sendo a vida em si mesma uma contínua sucessão de intercâmbios essenciais, vidas microscópicas em lutas intérminas pela própria existência são estimuladas e agridem os campos nos quais se instalam, dando lugar a enfermidades, sofrimentos e morte...

Concomitantemente, os conflitos herdados das dissipações, a culpa que decorre do despertamento da consciência do dever, insculpem-se no campo psicológico e seus supersensíveis condutos, dando surgimento a traumas, transtornos e desvios da saúde emocional e psíquica.

Não bastassem essas ocorrências, e os infelizes conúbios espirituais negativos, nos quais foram estabelecidas ligações de longo curso com seres infelizes que se comprazem na perturbação e no desar, facultam espaço para a instalação de outros tipos de enfermidades de caráter obsessivo, que terminam por afetar a aparelhagem biológica.

A reencarnação é um recurso iluminativo no educandário terrestre, que proporciona a conquista da plenitude. Em face da rebeldia sistemática do ser humano, que demora em despertar os tesouros imarcescíveis da consciência de responsabilidade, ei-la que se transforma em uma oficina de consertos e de reparos, através da qual é possível refazer, recomeçar, bendizer...

Não estranhes, desse modo, as ocorrências insistentes dos processos enfermiços.

Encontras-te no *carro fisiológico* de acordo com o que és interiormente.

Conforme fixes os hábitos mentais, sociais e morais de comportamento, assim te surgirão as experiências carnais.

Paresias e paralisias, disfunções hepáticas e cardíacas, processos degenerativos e amputadores, isquemias e cânceres, tumorações outras e gastralgias, problemas respiratórios e alérgicos ou infecções de qualquer natureza estão inscritos nos códigos da tua existência espiritual, apresentando-se no corpo somático, a fim de que recuperes a paz desperdiçada, a saúde moral malbaratada.

Nada ocorre na área da saúde que não proceda do Espírito em prova de aformoseamento interior.

Assim, não te desesperes, mais agravando o mal, nem te entregues à indiferença, ampliando a área do desequilíbrio.

Detém-te a meditar, procurando os recursos terapêuticos próprios e renova-te, cultivando os pensamentos de paz e de alegria de viver.

Recorda-te sempre da transitoriedade do *veículo carnal* e da indestrutibilidade da vida, adquirindo confiança em ti mesmo, entregue a Deus, que está no comando do Universo.

Não tendo qualquer dívida em relação ao processo evolutivo, porque nunca antes se encarnara na Terra, Jesus é o protótipo da saúde integral, jamais se apresentando enfermo ou debilitado, portador de qualquer processo enfermiço.

Mesmo quando apupado, azorragado e crucificado, a Sua nobreza resplandecia na paz de que se apresentava possuído, convidando-nos todos ao cultivo dos valores imperecíveis da saúde integral.

16

INDULGÊNCIA

É muito escassa na criatura humana a qualidade da indulgência!

Preocupada com a conquista dos valores imediatistas, diante de ocorrências desagradáveis facilmente resvala para a intolerância, a censura, a causticidade, o ressentimento, o ódio...

Fixa o lado negativo do que lhe sucedeu com muita naturalidade, deixando, à margem, os valores positivos em desenvolvimento, as qualidades morais em início de afirmação no outro ser.

Em razão disso, campeiam a agressividade, a revolta, o pessimismo, o desconforto moral entre os grupos humanos.

Pequeno incidente que pode ser superado sem grande esforço avoluma-se e soma-se a outros que já deveriam estar diluídos na memória, agravando situações que se tornam difíceis de superar.

A intolerância sistemática, defluente do orgulho pessoal, seleciona detalhes insignificantes para justificar a inferioridade de que é objeto e o temperamento intransigente, quando a atitude comportamental deveria ser diferente.

Joanna de Ângelis/Divaldo Franco

Deslizes íntimos, que não interessam a terceiros, tornam-se públicos, em razão do prazer com que são comentados pelos frívolos e maledicentes, gerando dificuldades para a reabilitação pessoal e a convivência fraternal edificante.

Comentários desairosos ampliam questões sem importância, alterando o conjunto dos fatos a serviço da radicalização de posturas.

Todas essas infelizes atitudes são promovidas por pessoas também falíveis e débeis, que transferem para aqueles que lhes caem na área de observação danosa os próprios conflitos, sua insegurança e seus equívocos contínuos.

Tal procedimento, no entanto, por falta de indulgência.

A indulgência propõe compreensão aos desvios de outrem e severidade para com os próprios equívocos; revisão de conteúdos morais, a fim de oferecer novas oportunidades àqueles que se enganam, enquanto se envidam esforços para não mais repetir os mesmos tropeços; remissão do erro de outrem mediante novas realizações liberadoras de culpa e de punição; solidariedade no desvio com ajuda oportuna, a fim de que se volte ao caminho da retidão.

A indulgência é uma forma de olvido do mal para somente anotar o bem, de bondade para com o equivocado e de severidade para com o erro.

A indulgência não negaceia com o crime, com o vício ou com o delito. Se entende a debilidade daquele que se compromete, de maneira alguma concorda com a ação perturbadora, dando-lhe vitalidade.

Trata-se de uma atitude solidária de amor à pessoa que delinque, e não de conivência com o seu erro.

Libertação pelo amor

Combatendo o mal sob qualquer forma em que se apresente, socorre-lhe as vítimas, as pessoas que não tiveram resistências morais para suportar-lhe a vigorosa atração.

É gentil, mas austera, nobre e sensata, apontando rumos de equilíbrio e de bondade para com todos.

Naturalmente vigia o indivíduo, estimulando-o a ser severo em relação ao seu comportamento moral, que deve eleger aquele que constrói e dignifica, enquanto é benigna para com o seu próximo enredado na ignorância e vitimado pela defecção.

A indulgência é expressão de misericórdia que deve ser distendida a todos, facultando-lhes a reabilitação.

Sê indulgente para com o teu irmão e cuidadoso em relação aos teus atos.

Não apresentes justificativas para os teus enganos, enquanto exiges melhor comportamento do teu próximo.

O que te é difícil conseguir para melhorar a própria conduta, noutrem constitui um verdadeiro problema que ainda não foi solucionado.

Mesmo que hajas superado o patamar de desequilíbrio em que o teu companheiro ora se encontra, considera quanto te foi desafiador vencer a má inclinação. Assim, robustece a tolerância para com a sua falta, aplicando-lhe o conforto moral da indulgência.

Uma atitude de indulgência, de forma alguma significa indiferença para com o comprometimento ou a aceitação da ocorrência lamentável. Constitui antes um ato de fraternal compreensão a respeito da debilidade estrutural de quem desfalece no cumprimento do dever, ao mesmo tempo contribuindo com os recursos da tolerância, a fim de ensejar futura reparação.

A indulgência educa e orienta, consola e dignifica.

Educa, porque ensina a repetir a experiência malograda, facultando aprendizagem e respeito pelos deveres que devem ser cumpridos.

Orienta, abrindo caminhos novos, ainda não percorridos, para que sejam perlustrados com segurança e equilíbrio.

Consola, em face de não se erguer como juiz que condena, senão transformando-se em amigo que contribui para o restabelecimento da ordem.

Dignifica, porquanto enseja a reabilitação daquele que se compromete, propondo-lhe nova conduta trabalhada no respeito aos códigos legais estabelecidos.

Uma atitude de indulgência pode salvar uma ou mais vidas, de acordo com a pauta das necessidades que sejam apresentadas.

A pessoa indulgente caracteriza-se pela paz interior de que se faz instrumento, tornando-se companheira ideal para os empreendimentos sociais, laborais e espirituais.

Ninguém que dispense um gesto de compreensão e de bondade.

Da mesma forma, jamais alguém pôde atravessar o rio da existência humana sem equivocar-se, anelando por apoio e amizade.

A única exceção é Jesus, que já era antes que fôssemos, transformando-se no Modelo que devemos seguir sem qualquer receio, porque nunca defraudou a confiança e o carinho que Lhe são devotados.

Diante de quaisquer testemunhos aflitivos, utiliza-te da indulgência para com todos, perdoando-lhes as ofensas e olvidando sempre o mal que te direcionem, a fim de recordares apenas o bem que te hajam feito.

Há muitas feridas não cicatrizadas nas almas humanas.

Existem dores graves resguardadas no pudor de muitas vidas, que se não permitem desvelar.

Permanecem muitas angústias atrás de sorrisos gentis, que não são percebidas.

Demoram-se muitas ansiedades no sentimento de vidas que se estiolam por falta de compreensão, e que não se deixam identificar.

Assim, age com indulgência sempre e para com todos. Não esperes que alguém te suplique esse socorro abençoado. Concede-o, antes que seja solicitado, tornando-te o irmão que ajuda em silêncio, que estimula com a presença e com quem sempre se pode contar.

Indulgência sempre, porquanto, sem qualquer dúvida, um dia dela poderás também necessitar.

17

SUBLIME AÇÃO

Sublime ação é sempre a da caridade.
Toda e qualquer atividade que promove e dignifica a criatura humana é valiosa contribuição em favor do progresso da sociedade.

É inerente ao homem e à mulher a generosidade, esse sentimento de prodigalidade, em face da sua procedência espiritual. Mesmo quando se encontra em fase inicial do processo evolutivo, predominando-lhe os instintos agressivos, o despertar dos sentimentos sob o comando do amor induz a essa faculdade.

Inicialmente, apresenta-se como impulso desconexo, sem lucidez nem profundidade do seu significado, começando a desabrochar e expressar-se de maneira diferente, vitalizando todos os gestos edificantes.

Ei-la – a generosidade – em forma de humanitarismo, no qual a presença solidária favorece a harmonia, o bem-estar, contribuindo para tornar melhor a vida daqueles que lhe são beneficiários.

Noutra circunstância, surge como atitude compassiva, evitando julgar com impiedade aquele que se envolve em atitudes infelizes, desculpando a ignorância que nele jaz ou o atraso que o conduz, sem permitir-lhe uma existência digna.

Alonga-se em forma de altruísmo, quando adiciona a renúncia e o interesse pela recuperação ou promoção do seu próximo, mantendo-se feliz pela oportunidade de auxiliar.

Engrandece-se a partir do momento em que descobre a emoção superior que se deriva da ação de socorrer a necessidade do rebelde ou atormentado, passando a educá-lo e a dignificá-lo, embora ele estorcegue nos cipoais da loucura a que se entregou.

É o alento que sustenta o ideal de edificar o bem com desinteresse pessoal, quando medram o egoísmo e a insensatez.

Ao produzir a abnegação e o devotamento que a sensibilizam, emoldurando os seus atos com ternura e amor, avança triunfalmente pelo caminho de serviço e transforma-se na virtude por excelência – a caridade.

A caridade é como uma peregrina luz que necessita de combustível, a fim de que continue brilhando, derramando claridade em derredor.

A sua chama crepita, esparzindo calor que altera o clima gélido da indiferença e proporciona reconforto, graças ao qual a existência humana volta a adquirir coragem e valor.

A fim de que alcance o objetivo a que se destina, não pode, porém, prescindir da fé, especialmente a de natureza religiosa, pelo conteúdo de espiritualidade de que se reveste.

Essa visão espiritual que dá sentido à vida, torna-a grandiosa em face da sua perenidade.

Enquanto se observa a transitoriedade, as modificações que experimentam os seres na sua forma física, material, a convicção a respeito do prosseguimento da vida após o túmulo proporcionam uma visão profunda e um significado transcendente para a ação caridosa.

Na *árvore* da existência humana, podemos considerar a fé como a flor exuberante de onde se origina o fruto nutriente da caridade.

Toda frutescência é antecedida pelo enflorescimento.

A seiva dessa árvore, no entanto, procede do Pai Criador, que lhe dá origem e lhe preserva a continuidade, sustentando-a de acordo com a qualidade da produção.

A caridade manifesta-se de forma natural, sem mesclas de ganho imediato ou remoto, não possuindo qualquer expressão egoística, mantida pelo amor que se distende generoso como dádiva de Deus.

É semelhante a perfume carreado por brisa abençoada e converte-se em alimento para a alma.

Sem a presença da caridade no mundo, as conquistas da inteligência e da cultura não bastariam para arrancar o ser humano do caos de si mesmo.

A caridade vela silenciosa e enriquecedora pelas vidas, apresentando-se, quando tudo aparentemente se apresenta sem esperança, numa terrível conspiração contra a dignidade e a alegria.

Ela ergue o tombado e caminha sustentando o trôpego.

Nunca se cansa, nem exige nada.

É jovial e gentil, não se jactando nem se impondo em momento algum, mantendo-se em clima de harmoniosa convivência com os fatores gerados pelo bem.

Enquanto viceje no mundo, pode-se ter certeza de que o Pai Generoso continua amparando os Seus filhos.

Conforme sucede com as demais denominadas virtudes, medra espontaneamente, depois se instala no ser, acompanhando-o durante todo o seu processo evolutivo.

Apesar disso, para que se possa estabelecer como parte integrante da existência, hábito superior de conduta, torna-se necessário exercitá-la, iniciando o ministério com pequenos gestos de bondade e de afabilidade, de compaixão e de misericórdia para com o próximo, até insculpir-se como essencial à existência.

Tem como objetivo não apenas o ser humano, mas abrange todas as expressões vivas que existem, bem como a Natureza em si mesma, aos quais infunde ânimo e oferece apoio.

Em relação, porém, ao próximo, tem finalidade precípua, porque exaltada por Jesus na Sua incomparável Parábola do Bom Samaritano, quando tudo era adverso ao homem assaltado e caído na estrada de Jerusalém para Jericó, tendo sido beneficiado pela misericórdia do samaritano, após a indiferença do sacerdote e do levita que por ali já haviam passado. O bom samaritano tornou-se-lhe o anjo dotado de amor e de bondade, que o arranca do abandono, atende-o e resguarda-o de todo e qualquer perigo, com esforço e sacrifício pessoal, sem pensar em si mesmo, embora se sabendo detestado.

A caridade jamais se detém privilegiando uns em detrimento de outros, elegendo aqueles que compartilham da mesma grei ou do mesmo grupo, antes alcançando os opositores, os adversários, aos quais trata com dignidade e sem diferença alguma em relação ao partido a que pertencem, aos interesses que cultivam, às crenças que professam.

Por isso, é ação sublime.

A sublime ação da caridade altera o comportamento do beneficiado, tornando-se-lhe companheira afável, permanecendo como vitalidade do amor que sempre nutre.

As ações de benemerência e de solidariedade revelam o nível de progresso moral do indivíduo e de um povo, avançando para a elevada expressão de caridade conforme Jesus a pregou e viveu em todos os momentos, antes e depois da Sua *morte*.

18

HÁBITOS

A existência humana é caracterizada por hábitos. Todo indivíduo que os não tem socialmente considerados bons, tem-nos maus.

O ato repetido gera o hábito e este constitui uma diferente natureza que se incorpora à conduta.

O hábito é responsável pelo caráter do ser humano, tornando-o digno ou vulgar, conforme a contextura emocional de que se reveste, porquanto os valores que exornam a personalidade definem-lhe a forma de ser.

A vida oferece recursos preciosos que nem sempre são valorizados conforme deveriam, em face da imperfeição humana, resultado dos hábitos nefastos adquiridos nos períodos precedentes do seu desenvolvimento espiritual e moral.

Arraigados no comportamento, procedentes dos instintos dominadores, tornam-se terríveis manifestações que retêm nos processos atrasados da evolução.

Através dos hábitos são expressas as emoções e aspirações, geralmente aquelas que se mantêm como atavismos perturbadores, exigindo que a razão e o descobrimento das excelentes faculdades da alegria e do bem viver reformulem-

-nos, dando início a novos atos que se hão de converter em automatismos felizes.

Como decorrência disso, os hábitos de não valorizar o que se tem em detrimento do que não se possui, e que, certamente não faz falta de imediato, surgem as queixas e reclamações, o vocabulário chulo e descortês, as atitudes vulgares e descomprometidas.

Seria de muito bom alvitre que se fizesse uma lista de tudo quanto se tem e é valioso, seja a respeito de pessoas, de coisas e de sentimentos.

A relação se apresentaria muito expressiva, confirmando que a vida não são as ambições que se perseguem, mas deve converter-se em um hino de gratidão pelo de que se pode desfrutar e nem sequer tem sido valorizado.

Em uma análise sucinta, que seja, em torno da organização fisiológica, das bênçãos dos sentidos, do funcionamento dos órgãos, da saúde, da lucidez mental e do equilíbrio emocional, seria fácil constatar que tudo são concessões de Deus para a felicidade de todos.

Se assim for feito, logo surge o sentimento de gratidão, que deve exornar a existência humana em todos os momentos.

Nada obstante, as pessoas queixam-se de qualquer limite, dos pequenos impedimentos, das ocorrências naturais do processo existencial, reclamando sempre.

Existem as exceções, aquelas que dizem respeito às existências destituídas dos formosos patrimônios referidos, por necessidades provacionais ou expiatórias, mesmo assim, desenhando a futura felicidade após esse trânsito mais difícil.

Quantos corações afetuosos em torno da existência, a partir dos pais, mestres, amigos e conhecidos que se fizeram

Libertação pelo amor

companheiros de jornada, constituindo uma verdadeira dádiva da vida!

O essencial para a caminhada evolutiva todos possuem, em forma de coisas que se fazem importantes para o desempenho das tarefas. E quando escasseiam, razões existem para que assim ocorra, tornando-se lição de grande sabedoria em torno do necessário e do supérfluo que existem no mundo.

Há sempre reclamações e queixas insensatas pelo que é secundário e desnecessário que se supõe faltar, quando se está abarrotado do indispensável com excedentes numerosos.

Outros valores, como a fé, a esperança, a alegria, a honestidade, a confiança, os sentimentos que enriquecem a vida, aguardam ser reconhecidos, a fim de multiplicar-se.

O hábito de expressar-se de maneira não convencional, usando vocabulário vulgar e agressivo, torna a pessoa inescrupulosa e doentia, porque investe com a sua formação defeituosa contra os demais, que nem sempre estão dispostos a esse tipo de conduta, afastando-se inevitavelmente da sua convivência.

Da mesma forma que assim age, poderá criar novos hábitos de conversação saudável e prazenteira, gerando simpatia e sintonizando com as forças espirituais elevadas que regem o cosmo.

Igualmente se comporta aquele que adota as expressões chocantes, o comportamento servil, descuidado, ameaçador.

Desprezando-se e permitindo que nele se instalem os hábitos morbosos, eis que a sua conduta faz-se insensata, licenciosa, por falta do equilíbrio que decorre do discernimento em torno dos deveres éticos para consigo mesmo e para com os outros.

Os hábitos devem estruturar-se em comportamentos éticos, que vêm sendo desrespeitados, em face do afã de conseguir-se o triunfo, o sucesso de qualquer maneira, importando apenas alcançar-se o topo da aspiração, sem qualquer respeito pelos meios empregados.

O sucesso, no entanto, está muito longe de ser essa situação invejosa que se coloca na condição de alcançar-se o destaque, o comando, a posição relevante.

Pode-se atingir esse objetivo pelos meios escusos, o que é relativamente frequente, produzindo, porém, no íntimo, vazios existenciais e conflitos perturbadores que conduzem à usança de álcool e de outras drogas químicas, quando não às licenças morais perversas, que desestruturam, infelicitando.

O sucesso real é aquele que se baseia nos padrões da consciência livre de conflitos, harmonizada com os ideais que são perseguidos.

São eles que formam o caráter, ensejando os sentimentos adequados para a existência harmônica, rica de compensações emocionais e espirituais.

Assim se procedendo, surge a real liberdade do ser, aquela que não pode ser cerceada por imposições políticas, religiosas, sociais, porque de natureza interior. Ninguém consegue impedir outrem de ser o que pensa, especialmente quando vinculado a objetivos dignificadores.

Durante as perseguições de todo tipo, que sempre existiram na sociedade, os verdugos dos povos e dos indivíduos submeteram-nos ao seu talante, na face externa, naquela que diz respeito ao exterior, sem jamais conseguirem alteração profunda no sentido íntimo de cada um. Em razão disso, foram sempre de efêmera duração as suas governanças arbitrárias, porque a liberdade, o amor, a razão de ser e de pensar, que constituem as conquistas do processo evolutivo, são imbatíveis, indestrutíveis. Podem ficar envoltas na escuridão imposta, nunca, porém, sem possibilidade de expandir a luz que nelas existe. Passado o período sombrio de dominação, e ei-las fulgurantes, conduzindo os indivíduos e as massas.

O hábito, portanto, de pensar e de agir corretamente, torna-se indispensável para uma existência digna.

Decorrente dele, a ação da gratidão assume postura compatível com as conquistas logradas, ensejando novos horizontes a serem alcançados.

Possivelmente, por essa razão, quando Jesus ensinou aos Seus discípulos a Oração Dominical, colocou em primeiro lugar a exaltação ao Pai que está nos Céus, santificando-Lhe o nome...

A gratidão deve presidir todos os hábitos do ser humano, compondo um caráter ilibado pelos atos praticados, especialmente ante as diretrizes do Evangelho.

19

RESPEITO PELA VIDA

Entre os impositivos da evolução estabelecidos pelos Soberanos Códigos, merece reflexão para a vivência, o respeito pela vida, essencial ao equilíbrio e à felicidade humana.

O respeito pela vida abrange o sentimento de alta consideração por tudo quanto existe, não apenas detendo-se na pessoa, e sim em todas as expressões da Natureza.

Quando não existe essa manifestação, deperecem os valores éticos e todos os anelos superiores perdem a significação.

Impulsionada pelos tormentos da conquista do sucesso aparente, a criatura humana, possivelmente sem dar-se conta, vem-se descuidando dessa conquista valiosa, que é dirigida, de início, ao próximo, e dele irradia-se para todas as formas existentes, vivas ou não.

Permitindo-se o egoísmo avassalador, graças ao qual a ambição pelo excesso descontrola os sentimentos de dignificação, impondo o seu interesse em detrimento de todos os valores que dizem respeito aos demais.

Joanna de Ângelis/Divaldo Franco

A excessiva prerrogativa de direitos que se faculta, põe distância entre os diversos membros que constituem a sociedade, separando-os lamentavelmente e dividindo-os em classes medidas pelos recursos sociais, econômicos e nunca morais.

O abismo, que se faz inevitável, gera reações de animosidade que se convertem em ódios insanos, abrindo campo para as batalhas da violência doméstica e urbana, a desaguarem nas revoluções, nos atos de terrorismo e nas guerras nefandas.

O excesso de tecnologia responsável pela comodidade e pelo conforto exagerados para uns, com absoluta ausência para outros, fomenta o surgimento da desconfiança e da perda do respeito que deve viger como preponderante em todos os atos e relacionamentos.

A autopromoção e a fascinação por alcançar o topo nas diferentes atividades, sem muito sacrifício, graças às propostas da mídia desvairada, que estimula a mentira, a dissimulação, a aparência, para que sejam logradas as metas, congelam na indiferença os sentimentos nobres, empurrando os ambiciosos para o desrespeito pelo seu irmão de caminhada, na torpe ilusão do triunfo pessoal a qualquer preço.

Ninguém, no entanto, pode ser feliz individualmente no deserto por onde deambula ou numa ilha isolada da convivência social.

Acredita-se, erradamente, que se possuindo dinheiro e desfrutando-se de projeção política, social, com facilidade compra-se afeição, consegue-se companheirismo... Talvez isso aconteça, mas não em relação à pessoa e sim aos seus recursos transitórios, no que resultam mais solidão e desconforto interior, que respondem pelo abuso do álcool,

Libertação pelo amor

das drogas químicas, pela vilania emocional e sexual a que muitos se entregam em fugas espetaculares e trágicas.

★

A vida somente se faz digna e próspera quando se estrutura na pedra fundamental do respeito.

Valorizando-se em demasia as qualidades inferiores das demais pessoas, olvidando-se dos elementares bons costumes da benevolência, da tolerância, da solidariedade, do respeito, tomba-se no anarquismo, na competição doentia, no esfacelamento das relações humanas, facultando-se instabilidade nos comportamentos e surgimento do desânimo na existência.

As suspeitas injustificadas grassam entre os indivíduos, ensejando o desrespeito pessoal em face da mesquinhez que engendra a maledicência, a calúnia, as acusações indevidas, as traições infelizes e os julgamentos arbitrários.

O respeito pela vida eleva o padrão de conduta, dignificando aqueles a quem é direcionado e elevando moralmente quem assim se comporta.

As conquistas modernas científico-tecnológicas, que têm elevado os homens e as mulheres a patamares de deslumbramento – e de soberba – também lhes vêm ensejando o afastamento de uns em relação aos outros, em consequência dos conflitos e das torpezas espirituais que ainda lhes remanescem no íntimo.

A comunicação virtual, por exemplo, de inestimáveis benefícios, vem-se tornando instrumento de perturbação, oferecendo campo para o desbordar das paixões perversas e grosseiras, em intercâmbios nefastos, que agravam os quadros social e moral da Terra.

[...] E grassa o desrespeito pela vida!

Nesse processo de restauração inadiável para a vigência da dignificação humana, a honestidade moral torna-se conduta primacial, por proporcionar confiança nos relacionamentos e bem-estar de consciência pessoal.

Há uma tendência imanente para a desonestidade, para lesar-se o outro, disfarçando os sentimentos sob a máscara que agrada e conquista simpatias rápidas, projetando o indivíduo com o propósito indigno de passar a imagem que não corresponde à realidade.

Nesses casos, pensa-se em escamotear o que é legítimo, apresentando o falso com o objetivo de conseguir-se alcançar as metas promocionais que, em verdade, não plenificam.

Naturalmente que se apresentam justificativas inadequadas para essa conduta, alegando-se ser a pauta que os outros seguem, na sua quase total generalidade, o que não é correto. Ademais, o fato de alguém comportar-se equivocadamente não pode constituir parâmetro de segurança para que outros façam o mesmo.

Esse argumento frágil, de que todos agem dessa forma, perseguindo os seus ideais e interesses, demonstra a insegurança pessoal que viceja em cada um e a falta de valor para manter-se íntegro.

A falta, portanto, de integridade – qualidade esta que faz o indivíduo completo, não dividido – responde pela falência do respeito pela vida.

Não se é aquilo que outrem pensa, por mais conhecimento que dele se tenha.

O tributo dessas opiniões favorece um retrato distorcido de quem se deve preocupar em conseguir a sua reali-

Libertação pelo amor

dade pessoal, mediante luta contínua para alcançar a vitória sobre si mesmo, sobre a sua inferioridade moral.

Nesse conflito, que se estabeleceu na sociedade, a linguagem sofreu um golpe significativo, alterando-se na forma e no conteúdo.

As expressões corteses e gentis vêm sendo substituídas por outras chulas ou de sentido duplo, carregadas de ironia e perversidade maldissimulada, ferindo todos aqueles que lhes recebem os doestos e golpes.

A ausência da gratidão e da gentileza para com os demais permite a esse indivíduo egotista atribuir-se valores que realmente não os possui. Se deles fosse portador, reconheceria, sem dúvida, as qualidades que subestima nos outros.

Cambaleia, desse modo, no ridículo que lhe pretendem impor os vãos e insensatos, o respeito pela vida.

Como, porém, a Lei Universal é de desenvolvimento, hoje ou mais tarde se descobre a excelência do dever, e o respeito assoma nas mentes e nos corações, renovando a vida.

Elabora uma lista de desafios íntimos que te levam a situações embaraçosas e trabalha item a item cada dia, experimentando as inefáveis alegrias que decorrem do respeito pela vida.

Redescobrirás o amor e a satisfação de repartir e de compartir os júbilos com o teu próximo.

Constatarás o resultado opimo da tua renovação interna, respeitando a vida, pela maneira como passarás a ser respeitado e estimado.

Joanna de Ângelis/Divaldo Franco

[...] E em ti mesmo notarás a inefável satisfação de estar em paz de consciência, em face do teu respeito por tudo e por todos, desde que a vida é sublime concessão de Deus, que não pode ser desconsiderada.

20

HONESTIDADE

Em face dos hábitos enfermiços procedentes de experiências anteriores fracassadas, há uma tendência quase mórbida em a natureza humana para repetir os mesmos deslizes morais.

A desonestidade, ou faculdade de ser desleal, destaca-se com maior frequência no elenco dos valores humanos do que se imagina, conduzindo a criatura aos comportamentos doentios.

O desonesto pensa que todos os demais o são igualmente, e por essa razão, justifica as atitudes infelizes que se permite em mecanismos de astúcia bem-urdida.

Acredita que é melhor enganar os outros do que ser ludibriado por eles. Em consequência, assume comportamentos desairosos, iniciando-os através da mentira, que acredita impingir com facilidade, utilizando-se da confiança que lhe é depositada pelas demais pessoas.

Certamente, em alguns tentames, parece colher êxito nesse procedimento, porque se promove, alçando-se às posições ambicionadas, atingindo as metas que persegue. Entretanto, quando surpreendido na infidelidade em relação aos

Joanna de Ângelis/Divaldo Franco

fatos, argumenta com outros equívocos que realmente não convencem, complicando a própria situação.

Desconsiderado, à medida que é conhecido, aturde--se e tomba, não raro, em amarguras e revoltas, por não ser aceito no grupo social, depois de repudiado na intimidade doméstica.

Frustrado nos seus planos, sem que haja atingido os seus objetivos, escorrega para atuações mais graves, tornando-se venal.

A dignidade é fundamental para a existência feliz sob qualquer aspecto considerada.

Os seus pródromos encontram-se no cerne do Espírito, em razão da sua origem divina e do deotropismo que o atrai inevitavelmente.

Constituindo um grande desafio ético-moral, necessita de treinamento que resulta da reflexão, da análise e da comparação entre os valores verdadeiros e aqueles que não têm estrutura legítima.

A honestidade se expressa, de início, no respeito que o indivíduo tem por si mesmo, impondo-se normas de equilíbrio a que se submete jubilosamente.

Essas regras não são identificadas pelos demais, senão vivenciadas por quem deseja descobrir a elevada condição de ser digno.

O seu curso é semelhante a qualquer experiência evolutiva, iniciando-se nas atitudes de pequena monta e crescendo com naturalidade nos ideais relevantes a que se entrega.

Quanto mais se esforça por atingir o objetivo elevado da conduta honesta, mais descobre quanto é atraente e compensadora, proporcionando bem-estar e paz.

Libertação pelo amor

Portadora de sentimentos elevados, a honestidade é como uma luz interna que se exterioriza dominadora, diluindo a sombra da ignorância e a máscara da mentira.

★

A honestidade é portadora de uma incomparável terapia curadora, assim como é preventiva de muitos males e diversas enfermidades que se originam nos conflitos pessoais e nos tormentos camuflados de alegria.

O fato de agir-se honestamente proporciona consciência de paz, liberando-se de qualquer tipo de culpa, o que faculta a aquisição de energias vitalizadoras para a mente, a emoção e o corpo.

De imediato surgem os efeitos saudáveis, como o autorrespeito, que não permite ao indivíduo agir mal em relação a si mesmo nem ao seu próximo, conforme não gostaria que assim fizessem para com ele.

Logo se lhe enflorescem a autoestima e a alegria real de viver, porque lhe desaparecem o medo e a insegurança de ser descoberto, quando jornadeando por trilhas escusas.

Ao mesmo tempo, consegue captar a simpatia de outras pessoas, que se sentem atraídas pelas suas emanações psíquicas e emocionais, que passam a respeitá-lo, infundindo-lhe mais confiança e demonstrando-lhe consideração que o enriquece de júbilo moral.

Embora se multipliquem os casos de desonestidade, esses são *vitórias de Pirro*, quando não caracterizadas pelos prejuízos de natureza interna que atormentam os seus triunfadores de mentira.

Mesmo aqueles que se comportam desonestamente, apesar de confraternizarem com outrem da mesma estirpe, por motivos óbvios, nutrem maldisfarçada animosidade em relação aos semelhantes por conhecerem os escabrosos roteiros que percorrem.

Não é fácil, porém, a mudança de conduta reprochável para a de natureza honesta. O automatismo decorrente do hábito em que a pessoa comprazia-se, empurra-a à recidiva dos erros e das condutas execráveis.

A decisão, porém, pela adoção da nova experiência produz estímulos que auxiliam na repetição dos atos de maneira correta.

Quanto mais avança, mais descobre métodos de dignificação antes ignorados e que preenchem os vazios existenciais.

O vício de agir de maneira equívoca, após haver gerado o condicionamento, parece deixar um travo de desgosto que se transforma em incomum curiosidade para repeti-lo, porém, de maneira diferente, iludindo a sua vítima...

O desonesto vive a sós com o seu drama, não confiando em ninguém, ansioso e inquieto.

A dignidade, por outro lado, faz amigos de prolongada e profícua duração.

Da mesma forma como se pode identificar a mentira naquele que a enuncia por meio da sua expressão corporal, assim sucede com a desonestidade. Ela exsuda vibrações que a tipificam pelo teor das ondas perturbadoras e agressivas.

Por outro lado, num como no outro – no mentiroso como no desonesto – os músculos da face e do corpo reagem contrariamente à palavra enunciada, porque o sistema nervoso central não compartilha com aquilo que está sendo expresso.

Enquanto a desonestidade estressa, a vivência do ser honesto harmoniza.

A farsa pode produzir bens para os sentidos, para o egoísmo, mas somente a honestidade enseja os tesouros da exuberante alegria de viver.

A honestidade de Jesus, que jamais se utilizou de qualquer tipo de artifício fraudulento, venceu a hipocrisia daqueles que O tentavam, enfrentou as infâmias com serenidade, demonstrando a própria grandeza moral.

Nunca te permitas, desse modo, a desonestidade.

O aparente benefício de que desfrutes por meio da sua ação, converte-se em pesada carga que conduzirás na consciência.

Ademais, a insegurança e o medo de ser desvelada a conduta insana, não compensam pelo acúmulo de coisas e considerações enganosas que fruas.

Seja a honestidade a tua assinatura moral em todas as ações que defluam de ti.

Se, em algum momento, fraquejares, recomeça e fortalece-te, imitando Jesus que optou pela honestidade no mundo fantasioso, divulgando o Reino dos Céus de duração eterna.

21

COMPORTAMENTO AMÁVEL

É compreensível que numa obra de arte, rica de beleza, logo sejam percebidas as suas imperfeições, as inarmonias ferindo o conjunto, quando as possui.

O mesmo ocorre em relação à criatura humana, no que se refere às suas imperfeições morais, aos seus distúrbios de conduta, aos seus erros, que se destacam de maneira agressiva, quais anfractuosidades que perturbam as formas de algo que exige equilíbrio.

Em face do hábito da censura, da capacidade de enxergar o lado negativo, do cultivo da maledicência, o indivíduo logo percebe esses traços negativos na personalidade daqueles com os quais convive, dando lugar ao reproche, à reclamação.

Por consequência, quando se trata de companheiros afeiçoados, em nome da honestidade fraternal, apresentam-se as advertências e as admoestações, apontando aquelas manifestações prejudiciais com objetivos sinceramente edificantes...

Essa atitude sempre traduz interesse pela renovação do outro, como convite à corrigenda, em forma de contribuição valiosa para que se lhe instalem os hábitos salutares.

Joanna de Ângelis/Divaldo Franco

Todavia, mesmo quando são forradas de bons propósitos essas contribuições, fazem-se necessários cuidados especiais para que o amigo não se converta em fiscal das imperfeições do seu próximo.

Essa postura, além de antipática e injusta, termina por coarctar a naturalidade do outro, que se sente vigiado, reagindo pelo desgosto decorrente do cansaço das observações retificadoras e molestas ou pela depressão, considerando-se incapaz de conduzir-se conforme os padrões éticos e sociais vigentes.

Um apontamento oportuno e gentil, em forma de corrigenda, é sempre valiosa contribuição em favor daquele que erra ou que se compromete, e que aceita a orientação com prazer e reconhecimento.

A constância da censura, porém, mesmo que edificante, afasta aquele que se acredita espezinhado, alterando-lhe a anterior convivência e a afeição que mantinha em relação ao amigo exigente.

Como se identificam essas condutas impróprias é válido anotarem-se, também, aquelas que expressam valores morais e sentimentos elevados, que igualmente existem no indivíduo.

De igual maneira que a contribuição amiga adverte quando necessário, jamais deverá esquecer de que o estímulo, a palavra gentil, o gesto amável, contribuem em favor do desenvolvimento moral do outro.

O processo de crescimento pessoal é muito complexo e resulta de um contínuo esforço que deve ser envidado para a geração de uma nova conduta, superando a anterior defeituosa.

Libertação pelo amor

Um sentimento de bondade legítima sempre se faz indulgente em relação às imperfeições alheias, ao tempo em que ajuda na ampliação dos sentimentos bons que todos os seres humanos possuem.

Há mais bondade na criatura humana do que perversidade. E quando essa última predomina, é defluência da inferioridade espiritual ou resultado de algum transtorno ou enfermidade que mais necessitam de ajuda do que de reproche.

★

Sê tu aquele que tem a boa palavra para auxiliar em qualquer situação.

Uma convivência amável e edificante é indispensável para os felizes relacionamentos sociais.

Não é necessário usar o verbo para os elogios inoportunos e ilegítimos, mas para propiciar encorajamento e bem-estar.

Uma referência estimuladora a uma atitude ou ação correta proporciona recursos para a sua repetição até transformar-se em automatismo, em hábito dignificante.

Um apontamento bem direcionado, que convida o outro à alegria por estar agindo corretamente, emula-o ao prosseguimento da conduta correta ora ensejada.

Uma narração positiva em torno de alguma proposta feliz tem cabimento em qualquer circunstância, por proporcionar compensação emocional prazerosa.

Todos necessitam dos comportamentos amáveis dos amigos em relação às suas existências.

Pode-se e deve-se corrigir o companheiro ou familiar, quando este se encontre em erro, porém, de imediato,

Joanna de Ângelis/Divaldo Franco

amenizar a observação com o complemento de algo bom e positivo, que lhe possa encorajar para novos tentames dignificadores.

O eminente libertador americano dos escravos do seu país, Abraham Lincoln, narrou que, ao ser eleito presidente da República, encontrou, na residência oficial onde passou a morar, muitos funcionários que o subestimavam, sentindo-se superiores, credenciados, e sempre dispostos a censurar, a criar dificuldades e embaraços desagradáveis.

Em vez, porém, de enfrentá-los, usando os mesmos mecanismos de conduta, estimulou-os a que cumprissem com os seus deveres e que o ajudassem a governar bem o país, para a felicidade de todos os cidadãos...

Um comportamento amável desarticula os conciliábulos perversos, desestabiliza as orquestrações perniciosas, desanima os censores contumazes da conduta alheia.

A palavra nobre e sincera sempre constitui força para quem a recebe e faz-se uma honra para aquele que a oferta.

Sempre é possível corrigir ajudando e abrindo espaço mental para a alegria diante das novas perspectivas que surgem para quem sabe agir corretamente, não deixando marcas de desagrado nem gerando situações de constrangimento.

Todos erram e aprendem com a própria experiência ou com a contribuição de outrem mais vivido e mais conhecedor.

A forma, porém, como se deve ensinar é que constitui o desafio a ser superado pela atitude amável.

Corrigindo, seja a quem for, tem cuidado para não o desanimar, auxiliando-o com a mensagem libertadora.

★

Libertação pelo amor

Jesus sempre foi o incomum exemplo de comportamento amável.

Ensinando ou admoestando, sempre concedia a dádiva de luz para não permitir que qualquer *sombra* permanecesse dominando aquele que se Lhe acercava procurando auxílio e diretriz, amparo e misericórdia.

Faze tu o mesmo.

Nunca deixes ninguém com as marcas dolorosas da tua repreensão ou a severidade da tua corrigenda, sem que lhe ofertes um sorriso, uma expressão de bondade, uma proposta amável e felicitadora.

22

INSUCESSO E ÊXITO

O processo evolutivo é um empreendimento desafiador, caracterizado por experiências sucessivas que se armazenam no ser, oferecendo-lhe os valores que contribuem para a continuidade da realização.

Cada etapa vencida enseja um novo patamar a ser conquistado, por meio de atividade relevante, ascensional.

Liberando-se do primarismo, o Espírito direciona-se para a sabedoria através dos investimentos do esforço, da temperança e do sacrifício, porquanto a sua é a meta que se aureola de plenitude.

Normalmente esse labor acontece por meio de diferentes mecanismos educativos que facultam a aprendizagem, a fim de que seja alcançado o êxito, nem sempre de fácil acesso.

Acredita-se, com certa dose de ingenuidade, que o sucesso é um alvo muito simples de ser conquistado, e que os triunfadores, por isso mesmo, transitaram por caminhos atapetados de êxitos e forrados de facilidades confortáveis.

Quem observe a outrem que alcançou o topo no empreendimento encetado, não poderá fazer ideia dos empecilhos que foram enfrentados, nem dos insucessos que ocorreram.

Em cada um deles, porém, ressumou uma experiência iluminativa para o próximo enfrentamento, estimulando ao seguinte passo de segurança.

Em face desse estímulo, às dificuldades enfrentadas sucedem-se os resultados edificantes, muitas vezes recheados de insucessos.

Insucesso, portanto, é lição valiosa que contribui de maneira incontestável para o futuro êxito.

Einstein, por exemplo, referia que, quase sempre noventa e nove por cento dos seus raciocínios eram equivocados, mas o um por cento sempre apresentava a solução para o problema em pauta.

Por isso, não desanimava, jamais considerando insucessos aqueles esforços envidados que não foram exitosos. O que merecia perseverança era o desejo de alcançar o resultado feliz, não sendo contabilizados os investimentos aplicados.

É importante, desse modo, nunca descoroçoar na atividade empreendida, por mais penosa que se apresente.

Não desistir de encontrar a mais segura maneira para lograr os resultados felizes, constitui o dever de todo aquele que se empenha pelo melhor.

Conceituou-se sucesso como a conquista do objetivo a qualquer preço, mesmo que se empenhando os valores morais, que ficarão ultrajados.

Esse aparente êxito, no entanto, é portador de sabor amargo, deixando travo de fel na consciência.

Momentaneamente permanecem em plano secundário, enquanto se frui a glória que proporciona prazer, até que a sucessão dos dias engendra o tédio, a indiferença, a perda do sentido existencial da vida.

Ninguém alcança o êxito sem que antes não vivencie diversos insucessos, que ensinam como não se deve operar quando na busca de resultados opimos.

A existência humana enriquece-se cada vez mais, na razão direta em que o indivíduo adiciona conhecimentos e experiências, emoções e ações que o impulsionam para frente.

Há, desse modo, uma significativa diferença entre o insucesso e o fracasso.

O primeiro representa um resultado negativo, o não êxito, enquanto o outro proporciona um efeito desastroso.

O fracasso expressa falência de recursos, perda dos investimentos, produzindo desespero, em face do prejuízo irrecuperável.

A pessoa falida perde a credibilidade e tem o nome associado à desonestidade, à conduta irregular. Por consequência, considera a oportunidade perdida, tombando na frustração, quando não derreia na aflição desmedida.

O insucesso, no entanto, quando bem absorvido, proporciona o necessário ânimo para novos tentames, com a carga da experiência malsucedida, que evita repetir o processo empregado anteriormente.

O homem e a mulher empreendedores sempre consideram os riscos que se apresentam nas atividades a que se entregam como inevitáveis. Por isso, examinam-nos, procurando mecanismos de superação e recursos de diminuição em número de ocorrências, a fim de que não impeçam o êxito.

Dessa forma, quando ocorrem os percalços, antecipadamente aguardados, dispõem de bons estímulos para dar prosseguimento ao compromisso.

Uma batalha perdida não representa o fracasso de uma tropa, o que somente ocorre quando se trata daquela que decide a guerra.

No que diz respeito à existência humana, cabe sejam avaliadas as aquisições do conhecimento e dos valores morais, a fim de que se estabeleçam metas que se devem alcançar mesmo após os tropeços e as quedas.

O falso conceito de que muitos indivíduos são beneficiados por causa das facilidades de que desfrutam, aflige aqueles que se defrontam com obstáculos, sentindo-se desprestigiados.

Sem dúvida, ocorrem conquistas menos penosas, no entanto, quando não se fazem assinalar por esforços que desenvolvem a capacidade de discernimento para bem conduzir, os desastres posteriores chegam irrefragáveis.

Quando não se aprendeu a realizar, não se tem capacidade para administração nem preservação do que foi conquistado.

A sabedoria ensina que o insucesso e a dificuldade tornam-se mestres que orientam para lograr-se o êxito.

Ninguém é especial, irretocável, que viva aquinhoado com ininterruptos sucessos até o momento em que chega ao ápice da carreira.

Isso não acontece nem nos contos de fadas e nas fábulas ancestrais.

Tudo exige esforço, empenho, luta.

Libertação pelo amor

A busca do sucesso é resultado de uma bem empreendida realização, que também se faz assinalar por alguns prejuízos durante a sua execução.

Jesus, que veio à Terra investido da tarefa de construir nos corações o Reino de Deus, empenhou-se com total abnegação, sem que, no entanto, haja logrado de imediato o resultado que almejava.

Sabia, porém, que deveria colocar primeiro os pilotis da gloriosa construção, e que o tempo, mediante os processos evolutivos através da História, encarregar-se-ia de materializar a tarefa.

Quem O visse acoimado pelos ódios e perseguições gratuitos, derreado na cruz, pensaria que Ele não houvera alcançado o sucesso da Sua missão. No entanto, foi mediante esse aparente fracasso que Ele conseguiu o êxito total, implantando a esperança e a alegria defluentes do amor nas almas pelos tempos do futuro.

23

AMOR DIANTE DE RELACIONAMENTO

O amor é fonte inexaurível de bênçãos e medicamento eficaz para curar as feridas do sentimento.

Quanto mais se expande no coração, mais concessões de alegria e de felicidade proporciona.

Depositário de força incomum, arrasta outras vidas que estavam para sucumbir, na direção dos altos cimos da esperança e da paz.

Fluxo contínuo de energia instalado no indivíduo, enriquece-o de coragem e valor para os empreendimentos mais difíceis que executa com prazer.

É o mais vigoroso elo de sustentação dos relacionamentos humanos, especialmente quando sustentado pela generosidade que mantém vivos os ideais de enobrecimento.

Não se entorpece quando surgem dificuldades, nem desiste de lutar se enfrenta desafios que devem ser superados.

Ocorre, no entanto, que as heranças psicológicas humanas, nem sempre felizes quando se referem ao amor, estabelecem parâmetros para que viceje ditoso, e porque destituídos de legitimidade produzem desencantos e sofrimentos.

Nos relacionamentos familiares, o comportamento de pais castradores ou possessivos, negligentes ou manipuladores, marca de tal forma o sentimento do amor, que aqueles que o experimentaram nessa condição, armam-se para evitá-lo ou negam-se a dar-se-lhe, receando tornar-se vítimas novamente.

Em outras ocasiões, a confusão dos sentimentos que decorre da incompreensão do seu conteúdo, confundido com desejos sexuais e arbitrárias dominações, leva a uma total distorção dos seus elementos constitutivos, gerando reações que não lhe correspondem à realidade.

Insegurança e instabilidade emocional apresentam-se como necessitadas de amor, quando, em realidade, precisam mais de terapia do que de envolvimentos afetivos, a fim de que não descarreguem noutrem os conflitos que não foram resolvidos, gerando agressividade e cobrança.

Não raro, o desconhecimento do amor e da sua finalidade na existência humana induz a comportamentos esdrúxulos, nos quais a segurança da afetividade está na programação da sua perenidade.

É comum viver-se o presente, pensando-se no futuro, desejando-se que nunca sofra modificação, como se a vida fosse constituída de mesmices e repetições de sentimentos da mesma qualidade.

Noutras vezes, as lembranças do que já se fruiu estabelecem falsas necessidades para que novamente se repitam, tornando o presente um campo de batalha em contínuo combate.

O hoje não pode ser como o ontem e certamente não será igual ao amanhã. Cada época é portadora das suas específicas manifestações, expressando fatores próprios que a caracterizam.

O amor somente é válido quando vivido no momento, conforme se apresenta, sem saudades do pretérito nem ansiedades pelo porvir.

Decorrendo do egoísmo que predomina em a natureza humana, sempre se pensa em utilizar o amor como meio para reter aqueles que devem avançar, cortando-lhes as asas do progresso, fixando-os na retaguarda, aprisionados nas células estreitas da paixão que lhes é dirigida.

O amor não encarcera, e felicita-se sempre quando liberta.

Pode ser dolorosa uma separação, uma ruptura de relacionamento por um ou outro motivo. No entanto, mais grave é permanecer exigindo que o outro perca o seu direito à felicidade dentro dos seus padrões, a fim de tornar vitorioso aquele que se lhe agarra sem nenhum respeito, fixado em conflitos de posse e de insegurança.

O amor não retém e sempre é favorável ao progresso daquele a quem se dedica.

Se alguém não pode mais ficar vinculado a outro coração, é necessário que siga adiante, levando as lembranças felizes, enriquecido de gratidão por tudo quanto vivenciou, continuando o relacionamento agora sob outra condição.

O relacionamento feliz não é aquele no qual necessariamente existe intercâmbio de natureza sexual. Embora esse impositivo ocorra amiúde e auxilie na plenificação dos sentimentos, tem um caráter relativo, nunca absoluto entre os indivíduos.

Joanna de Ângelis/Divaldo Franco

O verdadeiro amor é amplo e generoso, jamais se tornando mesquinho e exigente, como se fora constituído de paixão asselvajada.

Quando alguém segue em frente, não deixa atrás quem o ama, que também deve avançar. Somente amplia o laço da afetividade que ora se distende no rumo do infinito.

E quando se trata da ruptura da afetividade, por certo foi chegado o momento de assim acontecer, não devendo produzir dilaceração no sentimento, nem deixar uma herança de ressentimentos.

Toda vez que alguém se apresenta ressentido pelo amor não correspondido, é porque pretendia negociar o sentimento – eu te amo, a fim de que me ames. Essa é uma atitude incorreta, que não encontra respaldo no amor.

Pode-se amar a alguém e não sentir atração de natureza sexual, demonstrando que não se ama a uma parte da pessoa, mas a ela, em si mesma, de forma total, sem especificidade.

A permanente ideia de que o amor deve ter sempre um conteúdo erótico dele faz um tormento, porque sendo um sentimento superior da vida, é abrangente e felicitador, nunca produzindo aflição.

Quando ele parece ter gerado desencanto e decepção, é porque não foi realmente vivenciado conforme deveria. Quem assim se sente, desprestigiado e infeliz por não haver recebido o correspondente ao que pensava e pelo que lutava, em verdade não estabeleceu um vínculo de amor profundo, mas transferiu para o outro os seus desejos não realizados, as suas ambições não vividas.

O amor irradia paz e sempre gera satisfação física, emocional e psíquica.

Libertação pelo amor

Arrebata o ser às culminâncias dos ideais, fortalece-o nas lutas que deverá travar até alcançar a sua meta, alegra-o nos momentos de solidão e permanece como um Sol brilhando adiante, belo e atraente, que ilumina e aquece também internamente.

O amor é o mais vigoroso sustentáculo que se conhece para a manutenção da vida humana.

Quando Jesus recomendou o amor como condição essencial para a felicidade humana, estabeleceu que era necessário torná-lo amplo e irrestrito, de forma que se iniciasse em si mesmo, agigantasse-se até o seu próximo e rumasse na direção de Deus.

Esse é o amor incondicional, sem limite, libertador.

Quanto mais se ama, tanto mais se é ditoso.

O amor, portanto, abarca todas as aspirações da criatura inteligente que um dia se lhe renderá totalmente feliz.

24

AUTENTICIDADE

O grande milagre chamado êxito, que decorre do desenvolvimento intelecto-moral do ser humano, é descobrir-se autêntico.

Depois dos investimentos comportamentais que o conduziram a usar as diferentes máscaras impostas pelas circunstâncias temporais, momento chega em que se lhe torna inadiável assumir a sua autenticidade, a consciência de si mesmo.

Sempre preocupado com a aparência, a dissimulação conduziu-o por longa estrada, no momento a de melhor acesso aos objetivos, mas que já não se faz necessária, em face do impositivo do autoencontro.

Isso acontecerá à medida que seja factível a reflexão em torno dos atos de forma coerente, sem dissimulação nem punição.

Descobrir-se humano, susceptível de erros e de acertos, constitui um passo decisivo para a vivência da autenticidade.

Em face dos inúmeros conflitos que perturbam o discernimento, que faculta agir-se com equilíbrio ou de maneira utilitarista, cria-se uma couraça de defesa, a fim de

Joanna de Ângelis/Divaldo Franco

estar-se protegido contra as ocorrências e as pessoas consideradas agressivas ou perigosas.

O hábito de poupar-se, durante a infância, de determinadas conjunturas aflitivas no lar, cria bloqueios que impedem os relacionamentos saudáveis, a convivência gratificante com outras pessoas, empurrando, agora, o adulto, para a defensiva.

Isolando-se, entorpece o sentido existencial e o significado da vida, prolongando as horas que transcorrem sempre sob tensão, quando poderia vivê-las em perfeito relaxamento e confiança de que o mundo, afinal, não é tão mau assim, conforme a imaginação infantil havia concebido.

Os mecanismos que lhe facultavam a aparência de pessoa gentil, generosa, protetora, salvadora de tudo e de todos que se lhe acercassem, fizeram que sempre pensasse primeiro nos outros em detrimento de si mesmo, havendo resultado essa atitude em amarguras e ressentimentos não exteriorizados.

Como efeito desse comportamento que pode ser também uma fuga da realidade ou uma necessidade de compensação psicológica, de valorização do *ego*, a insatisfação proporcionou incompletude em torno da existência que não foi vivida conforme deveria apresentar-se, prazenteira e iluminativa.

O indivíduo é um ser especial, cada qual é único e as suas são experiências intransferíveis.

Por isso, necessita autovalorizar-se, dentro das medidas exatas da sua realidade, evitando-se a exaltação, mas também a subestima.

Neste processo de identificação da sua autenticidade, é justo descobrir e aceitar que o seu lado escuro, desconhe-

Libertação pelo amor

cido, existe e deve ser desvelado, de forma que possa modificar-se para claro e formoso. O fato de escamoteá-lo, de maneira alguma impede que ele permaneça gerando, não poucas vezes, situações embaraçosas, perturbadoras.

Há, em todas as naturezas humanas, o anjo e o demônio, na conceituação da dualidade do bem e do mal, como resultado das heranças do primitivismo – o demônio, o mal – com a sublime presença da destinação libertadora – o anjo, o bem.

Trabalhar o lado negativo, a fim de exaltar o edificante é a tarefa da reencarnação.

Não deves viver na busca atormentada do amor e do êxito, transformados em metas essenciais.

Antes, impõe-te o compromisso de ser coerente contigo mesmo, selando com autenticidade os teus atos, isto é, agindo sempre com correção, permitindo que o tempo e as circunstâncias facultem-te o momento de despertamento interior para a harmonia.

Não poucas vezes, o que se estatui como amor é somente interesse de permuta de sentimentos prazerosos, não compensadores, por deixarem sempre ansiedade e incompletude. Da mesma forma, o que se convenciona como êxito, apresenta-se como triunfo externo, aplauso e coroamento de ambições, assinalando o íntimo com o vazio existencial.

O ser humano está destinado à paz, superando os conflitos remanescentes das faixas primárias por onde transitou, de maneira que aspire aos ideais de iluminação e de liberdade.

O amor concede-lhe a realização desse objetivo, e o seu êxito encontra-se na satisfação de poder amar sem qualquer limite.

Surge, no entanto, quando se está empenhado na realização da autenticidade, um delicado claro-escuro no comportamento, que é saber-se distinguir quando se está sendo verdadeiro ou quando se manifesta agressivo, grosseiro, exteriorizando os conflitos disfarçados de veracidade.

É muito comum parecer-se veraz mediante conduta atormentada e destituída de gentileza.

Não se trata aqui de dizer aos outros o que a cada um compraz expressar, mas ser-se leal para consigo mesmo, não se apresentando ao próximo com máscaras de dissimulação.

Desvelar-se significa retirar o véu que encobre a realidade, porém, na medida do possível e na ocasião própria.

O amadurecimento psicológico de cada pessoa informa-a aquilo que se lhe torna oportuno ou não fazer, a fim de ser conhecido, identificado com os propósitos que acalenta interiormente.

Ideal, portanto, que todos se revistam de sentimentos edificantes e cultivem aqueles que os promovem moral e intelectualmente.

A pretexto, portanto, de autenticidade, não é lícito agredir-se o próximo com palavras ásperas nem apresentar-se destituído de valores éticos, como se isso expressasse humildade.

Todos possuem recursos extraordinários, alguns ainda não administrados, que devem ser desenvolvidos. E, na sua ausência momentânea, por não estarem identificados, não devem constituir motivo para menor autoestima.

Libertação pelo amor

Em cada fase da existência se é portador de talentos próprios que tipificam o desenvolvimento do Espírito.

Ser-se fiel a si mesmo com todo respeito pelo outro, não causando atropelos nos demais, em face das descobertas dos compromissos pessoais, é método eficaz para a autenticidade.

Em Jesus sempre temos o Modelo único de que nos podemos utilizar para servir-nos de parâmetro.

Humilde, jamais escamoteou os sublimes predicados que Lhe exornavam o ser. Igualmente, nunca exorbitou, apresentando-se submisso ao Pai que O enviara ao mundo, para que a luz dominasse as trevas.

Assim, afirmou eloquente:
"Eu sou a luz do mundo..."
"Eu sou o pão da vida..."
"Eu sou o caminho, e a verdade e a vida..."
"Eu sou a videira verdadeira..."
"Eu sou a porta..."
"Eu vos dou a minha paz..."

Autêntico e veraz, no momento derradeiro, ofereceu ao mundo a incomparável lição da total entrega, afirmando: *"Pai, em Tuas mãos entrego o Espírito que sou..."*

25

NECESSIDADE DA PACIÊNCIA

O tumulto que toma conta do comportamento individual e coletivo, na atualidade, responde pela pressa que desorienta muitas criaturas dispostas a realizações nobilitantes.

A vida tem o seu próprio programa, que ninguém pode alterar.

A automação ora vigente nos diversos segmentos da sociedade, simplificando o trabalho e ganhando tempo, faz que as pessoas aflijam-se, inquietas, sem motivos reais, empurrando-as para condutas ansiosas e irritadiças.

Acostumando-se a ter, praticamente tudo, com um simples apertar de um botão, deseja-se que tudo se encontre ao alcance da mão, especialmente quando a espera produz expectativa afligente.

Como consequência, não se dispõe de paz nem de confiança em torno dos acontecimentos, pensando-se que é possível fazê-los acontecer quando se lhe apraz, ao talante dos seus interesses.

Seria o mesmo que precipitar a germinação de uma semente por meios artificiais, o desenvolvimento do feto,

Joanna de Ângelis/Divaldo Franco

abreviando-lhe o ciclo natural, enfim, modificando a estrutura da ordem e do equilíbrio pelo desconcerto que se lhe impõe.

Não há tempo para a paciência, confundida com pasmaceira.

A paciência é um elemento essencial para a harmonia e o equilíbrio existenciais.

Sempre se é obrigado a esperar, porque nem tudo pode ser resolvido quando se deseja.

Em todo o Universo existe ordem defluente do programa adrede elaborado pela Consciência Cósmica, que não pode ser desconsiderado.

Dir-se-á que a Ciência e a Tecnologia têm alterado profundamente o comportamento das leis universais, à medida que vão sendo identificadas e penetradas. Sem qualquer dúvida, em algumas áreas assim tem sido, não, porém, de referência às suas estruturas, mas a respeito dos fenômenos que agora podem ser entendidos na sua causalidade, evitados uns e diminuídos os efeitos danosos de outros. No entanto, a vida possui diretrizes que não podem ser alteradas sem graves prejuízos para a organização geral.

A paciência funciona como um mecanismo de confiança no futuro, auxiliando na análise das ocorrências e no aprendizado que se consegue em todas as circunstâncias.

Diante de um exame médico complementar que exige tempo determinado, quais os de laboratório de análises clínicas, de biópsia de tecidos orgânicos, não há como apressar-se resultados.

O período que medeia entre a apresentação do material e o resultado deve ser utilizado como fomentador de bem-estar, de amadurecimento psicológico, de reflexão em torno da existência, em vez do nervosismo e dos seus efeitos, como a ansiedade, a insônia, o mal-estar...

Quando se adquire confiança em Deus, todos os acontecimentos seguem seu curso com naturalidade, não extrapolando de dimensão nem alterando o comportamento para transtorno e aflição.

O indivíduo consciente sabe que somente lhe acontece aquilo que é de melhor para o seu desenvolvimento espiritual.

Desse modo, adota a paciência.

Harmoniosamente os astros gravitam em suas órbitas, obedecendo ao impositivo do equilíbrio cósmico.

A paciência é a conduta que deve ser mantida diante de todos os fenômenos sucedidos ou que venham a acontecer.

Por maior que seja a ansiedade de alguém, não lhe será possível alterar a ordem vigente em toda parte.

Aprendendo-se a esperar com uma atitude dinâmica, aquela que propicia realização interior, utilização fecunda do tempo, reflexão edificante, a vida torna-se mais enriquecida e bela.

Quando acontece o oposto, trabalha-se em favor do próprio desequilíbrio, mediante a irritabilidade, o desconforto emocional que se estabelece, sem que seja possível alterar o ritmo das ocorrências.

Graças à paciência e à autoconfiança, Thomas Edison realizou incontáveis experiências para conseguir incandescer o filamento metálico que daria origem à lâmpada elétrica. Cada vez que o experimento não se coroava de êxito, em vez da irritação, o cientista concluía que houvera conseguido mais uma forma pela qual não seria possível acertar. E prosseguiu, infatigavelmente, até consegui-lo.

Diante dos dissabores, dos infortúnios, dos conflitos que grassam em toda parte, a atitude correta é a da paciência.

Quem aprende a esperar, mantendo-se dinâmico e eficaz, consegue frutos de sabedoria e experimenta realização pessoal intransferível.

Esse exercício deve ser mantido nos diferentes períodos da existência humana, realizando cada atividade no seu momento devido, metodologicamente, sem a pressa que é portadora de ansiedade e de aflição e sem a indiferença que mata qualquer programa de elevação.

Saber esperar o inevitável, por desagradável que seja, sem a carga das expectativas dolorosas, constitui uma forma de atenuar-lhe as consequências afligentes.

A mente que aprende a raciocinar dentro dos parâmetros da harmonia produz muito mais do que aquela que se dissocia dos elementos prioritários, perdendo-se em conjecturas desprovidas de significado.

Em face desse programa equilibrado, os neurônios funcionam com mais harmonia, propiciando bem-estar e lucidez.

Ademais, graças ao discernimento que se mantém claro, torna-se possível encontrar diretrizes para a solução dos enfrentamentos e estabilidade emocional para a conduta que deve permanecer saudável.

Quando seja possível manter paciência diante de pequenos insucessos ou desacertos, repetindo-os, tantas vezes quantas se façam necessárias, com o mesmo prazer da primeira tentativa, a autoconfiança e o respeito por si mesmo conferem alegria de viver e de lutar.

Libertação pelo amor

A paciência é vital para que o sucesso aconteça, e isso ocorre não apenas quando se quer, mas quando é possível.

★

Jesus sabia que as criaturas do Seu tempo, ainda primitivas, não se encontravam em condição de O compreenderem, nem O amarem.

Apesar disso, empreendeu o sublime apostolado de amor, ensementando nos Espíritos e nos seus sentimentos a palavra de luz libertadora, a fim de que, através dos tempos, pudessem amadurecer emocionalmente e introjetar o conhecimento da imortalidade e do bem, que os capacitaria para a conquista do Reino dos Céus.

Testado com frequência, em momento algum se deixou vencer pela irritabilidade ou pela revolta, preservando o Seu programa de compaixão e de misericórdia, em forma de educação e de benevolência.

Não te esqueças, portanto, da paciência, diante dos desafios do quotidiano, aprendendo a confiar em Deus e no valor do trabalho ordeiro e contínuo.

26

EXERCÍCIO DA COMPAIXÃO

Muitos males seriam evitados no cosmo individual e na família social, caso a compaixão fosse atitude prioritária nos relacionamentos humanos.

O predomínio do egoísmo e do orgulho na conduta humana induz a pessoa à soberba, fazendo que se considere irretocável, colocada acima do bem e do mal...

A si própria reservando-se direitos especiais, acredita-se credora de todo o respeito que lhe devem outorgar as demais criaturas, embora se permita a licença de agir de maneira especial, equivocada.

Em decorrência, mantém-se inabordável, considerando que a sua invulnerabilidade credencia-a a um *status* superior.

Quando surpreendida pelas ocorrências comuns nos relacionamentos humanos ou sentindo-se agredida por incompreensão de qualquer espécie, escuda-se no rancor e introjeta a mágoa.

Não lhe ocorre a possibilidade de oferecer compaixão ao agressor, acreditando-se injustiçada, passando a cultivar sentimentos inamistosos que transforma em dardos mentais venenosos, os quais dispara contra o opositor.

À medida que se sucedem os tempos, fixada na presunção, acumula o morbo do ressentimento que contamina todos quantos se lhe acercam, quando não consegue expeli-lo contra aquele a quem considera seu inimigo.

Lamentavelmente, envenena-se ao longo dos dias, perturbando as organizações emocional e física.

Nesse ínterim, manifestam-se distúrbios de vária procedência, sejam aqueles de somatização ou os de agressão aos órgãos emocionais que lhes sofrem as altas cargas vibratórias de natureza tóxica.

Graças aos clichês mentais que são elaborados, abre campo mental a conexões espirituais de baixo nível moral, produzindo os graves fenômenos de obsessão de breve ou de demorado curso.

Ninguém, na Terra, que não necessite de receber compaixão, e, por consequência, de perdoar.

Somente quando se frui o prazer da liberação do ressentimento mediante o conceder da compaixão e do perdão, é que se pode credenciar a recebê-los.

A compaixão é terapia valiosa com caráter preventivo a muitos males, tanto quanto curadora em relação aos distúrbios perniciosos já instalados.

À medida que o ser humano eleva-se moralmente, abandona o primarismo da vingança para adotar o comportamento afável da compaixão.

Na razão direta em que a concede, mais feliz se sente, porque frui a alegria da consciência de paz.

Enquanto mantém uma atitude reacionária contra aquele que agride e ofende, o seu estado interior se deteriora em razão das emoções desordenadas que o assaltam, em razão de optar pelo revide.

Libertação pelo amor

A compaixão sempre é melhor para aquele que a oferece.

★

A árvore açoitada pela tempestade que a vergasta, despedaçando-a com crueldade, compadece-se da sua violência, reverdecendo-se e explodindo em flores.

Os metais que experimentam a fornalha compadecem-se do calor que os derreteu, tornando-se utilidades e adornos preciosos.

A terra magoada pelo inverno rigoroso compadece-se da friagem terrível que lhe roubou a vegetação, vestindo-se novamente de vida e de cores.

A pedra despedaçada por explosivos e instrumentos que a ferem compadece-se da agressão, tornando-se segurança na construção e em arte deslumbrante nas mãos do esteta.

O barro cozido no forno ardente compadece-se da temperatura asfixiante, tornando-se utilidade de grande valor.

Tudo são lições de compaixão, conclamando à renovação.

Morre uma expressão de vida ou modifica-se uma forma, a fim de dar lugar a novas modalidades na ininterrupta sucessão do processo transformador.

O fluxo da vida é incessante, enriquecedor.

A água que passa carregada pelo rio, por sob uma ponte, pode retornar ao mesmo lugar, no entanto, em circunstância e tempo muito diferentes.

Assim também os fenômenos que ocorrem entre as criaturas.

Em face da sua diversidade, cada qual vê o mundo conforme as lentes do seu amadurecimento psicológico, da sua lucidez de consciência, do seu estágio moral.

Não se pode esperar, portanto, igualdade de conceituação e de conduta, salvadas as exceções naqueles que vivem níveis mais elevados de sentimentos espirituais.

Nada obstante, muitos indivíduos que se sentem magoados com as ocorrências que fazem parte do seu desenvolvimento intelecto-moral, esforçam-se para preservar as lembranças do mal que lhes acontece, cultivando as paixões inferiores.

Sentem dificuldade de compadecer-se, de perdoar, porque não se interessam por fazê-lo, nem se esforçam por ofertá-los.

A compaixão é apanágio da evolução, que todos devem vivenciar a qualquer custo.

Quanto mais é postergada, tanto mais difícil torna-se de ser praticada.

Indispensável, portanto, cultivá-la no pensamento, não valorizando nenhum tipo de mal, não passando recibo à vingança, não aceitando ofensa, lutando por manter-se em um nível melhor do que aquele em que se encontra o outro, o infeliz que persegue e malsina.

Considerando-se que as demais criaturas encontram-se em processo de desenvolvimento, ainda assinaladas pelas heranças do primitivismo, qual ocorre com quase todas, torna-se fácil conceder-lhes o direito de equivocar-se, de agir conforme os seus padrões morais, não revidando mal por mal.

Libertação pelo amor

Quando alguém preenche os vazios existenciais com as mágoas, perde o contato com a beleza, a realidade e o amor.

A amargura se lhe aloja no sentimento e o pessimismo comanda-lhe as aspirações.

A liberdade interior é alcançada mediante a ruptura dos elos do ódio e do ressentimento através da compaixão.

Quem se utiliza da compaixão rompe o vínculo com aquele que se lhe fez algoz. Enquanto vige o sentimento negativo, permanece, infelizmente, a ligação nefasta.

Compadece-te, portanto, sem qualquer restrição. Feliz e saudável é sempre aquele que avança em paz, sem amarras perigosas com a retaguarda.

A saúde integral resulta de inúmeros fatores, entre os quais a dádiva da compaixão.

Disputa a honra de ser aquele que concede a paz, distendendo a mão de benevolência em solidariedade fraternal ao agressor.

Paradigma do Ser ideal, na cruz de ignomínia, Jesus compadeceu-se dos Seus algozes e intercedeu a Deus por eles, suplicando que fossem perdoados, porque eles não sabiam o que estavam fazendo.

Todo aquele que se compraz na prática do mal, certamente não sabe o que está fazendo. Se for contra ti a quem ele atire a sua maldade, compadece-te, mantendo-te saudável e em paz.

27

ACEITAÇÃO

O ser humano, em face do instinto de conservação da vida que nele predomina, precata-se contra tudo quanto se lhe apresente em forma de ameaça ao bem-estar, à estabilidade de qualquer natureza, à própria existência.

Por consequência, acomoda-se nas sensações do prazer e da sensualidade, lutando tenazmente para preservá-las, mesmo quando é convidado às emoções superiores.

Diante das ocorrências imprevistas ou daquelas que resultam dos fenômenos existenciais, inevitáveis em todos os processos de desenvolvimento, reluta em aceitá-las.

Normalmente se aturde, passando às reações da ira e da raiva, quando defrontado por problemas, acreditando-se injustiçado, desse modo mais complicando a própria situação.

A rebeldia faz-se-lhe, às vezes, tão grave, que opta por condutas desesperadas, para evitar a aflição, resvalando em transtornos que se somam ao desconforto já existente, gerando situações muito mais difíceis de suportadas.

Noutras circunstâncias, adota a suprema revolta e interrompe o curso da existência física através do lamentável suicídio, muito mais complicando a vida que deveria poupar.

A existência carnal é uma experiência de breve duração entre o nascimento e a morte.

A vida, no entanto, não se restringe a esse fenômeno orgânico, sendo portadora de conteúdo eterno.

São, portanto, valiosas todas as experiências conseguidas durante a trajetória física, que se transformam em lições de sabedoria para tornar mais fácil a ascensão do Espírito.

Tudo quanto constitui desar, infortúnio ou ação afligente, não apenas se reveste de fundamentos morais necessários, que exigem regularização de gravames, como também representa métodos eficazes de educação para serem ultrapassados os limites em que se encontra o ser.

Ao mesmo tempo, considerando-se que fazem parte da escola terrestre, a todos sucede em escala variada, conforme o estágio espiritual de cada um, sendo incontáveis a sua ocorrência e o seu procedimento.

Aliás, o sofrimento é sucesso presente em todas as formas vivas, facultando auferir-se mais ampla sensibilidade e mais elevado nível de consciência.

Quem não experimenta o camartelo da aflição, desconhece a maneira mais segura de ascensão.

Nas fases primárias da evolução, a dor apresenta-se como desgaste da forma, no processo vegetal e animal, nos quais o princípio espiritual desdobra os valores que lhe dormem em latência, adquirindo complexidade.

No ser humano, graças à razão, à percepção emocional, apresenta as sensações físicas e morais, que são consideradas como dor e sofrimento.

A aceitação consciente e tácita desses acontecimentos é a atitude mais correta que deve ser tomada, de modo a modificar o comportamento, ajudando o ser no seu crescimento espiritual.

Libertação pelo amor

★

Enfermidades dilaceradoras e degenerativas constituem o fadário afligente para o ser humano.

Todas as criaturas experimentam-nas, tendo-se em vista a organização celular na qual deambulam.

São resultados do uso incorreto do organismo durante o curso existencial ou em existência transata. Ao mesmo tempo constituem recurso terapêutico valioso para o Espírito devedor.

Não são poucos aqueles que se rebelam diante de tais acontecimentos, como se fossem os únicos visitados pela desorganização dos tecidos físicos.

Todos os seres humanos estão sujeitos às mesmas contingências, não havendo qualquer exceção nas Divinas Leis.

O corpo, não obstante possuidor de resistência para enfrentar circunstâncias agressivas e desfavoráveis, desafios vigorosos, é, ao mesmo tempo, frágil e susceptível de sofrer distúrbios microbianos assim como desajustes emocionais que o vencem.

A mente, no entanto, que o deve comandar, possui os recursos que o preservam, que o recuperam, que o mantêm, quando bem direcionada, especialmente em relação a essas finalidades.

Acidentes lamentáveis e trágicos, desastres financeiros e afetivos tormentosos, que são comuns, surpreendem aqueles que os experimentam, transtornando-os profundamente.

São tão naturais que não deveriam causar espanto nem desesperação, dependendo, naturalmente, da visão que se tem do mundo, observando que aquilo que acontece com outrem, em momento oportuno poderá também suceder com o observador.

A rebeldia, diante desses tormentos, somente piora o estado interior e desequilibra as reservas de forças que deveriam ser canalizadas para a sua superação.

A aceitação desses fatos angustiantes, sem dúvida, mas normais, constitui o melhor recurso para atenuá-los e para torná-los melhor administrados pela consciência.

A aceitação do trágico, do desagradável, não equivale a uma forma de indiferença diante da sua ocorrência. Antes, porém, trata-se de uma postura dinâmica e renovadora, consciente e vigorosa, que permite manter o *carro existencial* no trilho do dever, seguindo na direção da meta a conquistar.

Se alguém se debate na enfermidade, aceitá-la é cuidar-se, atendendo à programação estabelecida pelo médico, lutar para diminuir-lhe os danos e até mesmo superá-la.

Em vez de reagir-se através da mágoa, aceitar o fato e cuidar de ultrapassá-lo é o único saudável comportamento a adotar-se.

O mesmo deve ser adotado em outras e quaisquer contingências danosas, alterando-lhes as estruturas mediante a certeza da finalidade da vida e o dever de prosseguir até o fim, desfrutando de cada momento o que de melhor seja conseguido.

Não temer o infortúnio nem o insucesso, que são fatalidades evolutivas durante a existência, constitui terapia valiosa, estejam ou não instalados os processos depuradores.

Aceitação da vida e dos seus métodos é o procedimento mais viável e produtivo que o homem e a mulher inteligentes devem permitir-se.

★

Libertação pelo amor

Mais rebeldia, no entanto, são a atitude e a postura humana diante do fenômeno biológico da morte.

Embora todos saibam que morrer é inevitável, temem pensar no seu acontecimento e evitam considerar que, à medida que passa o tempo, mais próxima está a hora em que o fenômeno biológico ocorrerá.

Não apenas assim sucede em relação àquele que irá morrer, como também com os familiares e afetos, que se desnorteiam, caindo em desolação ou sendo empurrados para situações de agressividade alucinada.

A aceitação decorre de uma análise tranquila do que sucede, acalmando-se e deixando-se conduzir por Deus, que a tudo governa com inefável amor.

28

O MARTÍRIO DO MEDO

A vida moderna, com todas as suas complexidades, pode também ser considerada como portadora do martírio do medo.

O ser humano, embora aquinhoado pelos valiosos contributos da Ciência e da Tecnologia, conquistando cada vez mais espaço e penetrando mais fundo no milagre das micropartículas, em vez de apresentar um coeficiente superior de harmonia e de felicidade, padece conjunturas impalpáveis no mundo íntimo, que se expressam ou se escamoteiam em formas de medo.

Vive-se, na Terra, a ditadura do medo.

Não somente das barbáries do terrorismo internacional, das guerras monstruosas, das epidemias destruidoras, dos desastres naturais ou de veículos motorizados, mas também, e principalmente, daquele que se deriva de inúmeros conflitos que não têm sido detectados nem resolvidos com segurança.

O medo, no entanto, é um fenômeno normal na vida, quando se está diante do desconhecido ou na expectativa de algum resultado, como fruto da insegurança emocional.

Joanna de Ângelis/Divaldo Franco

Porque não ama conforme deveria, o indivíduo opta pela fuga através do medo aos enfrentamentos que lhe podem oferecer equilíbrio e paz.

Aturdido por conflitos psicológicos, permite-se o medo como atitude preventiva a dissabores ou a incompreensões, aquartelando-se nas suas sombras, sem viver em plenitude, evitando as experiências que podem contribuir em favor da sua autorrealização.

Por consequência, foge de todos, mesmo quando loquaz e palrador, aparentemente extrovertido, embora sofrendo a constrição perturbadora da ausência de autoestima e de autovalorização.

O medo inibe as belas florações da amizade e dos ideais superiores da vida, que dão sentido e significado existencial ao ser.

Tem-se medo de amar, acreditando-se na possibilidade da traição ou do abandono, de interesses escusos ou de apenas necessidade de companhia, elegendo-se a solidão ou o acompanhamento de pessoas descartáveis, com as quais não se firmam laços de real afeição.

Em uma análise profunda, as raízes desse medo desprezível encontram-se na conceituação da morte como aniquilamento da vida ou nas conotações teológicas a respeito do sono que perdura até o momento do Juízo Final, quando haveria a seleção definitiva dos Espíritos...

Decorre disso o pavor da morte, que se amplia em outras formas de receio, dominando multidões atemorizadas e infelizes.

O amor, no entanto, é o grande antídoto ao medo.

Quando se aprende a amar, naturalmente desabrocha a confiança e a alegria da convivência faz-se natural, am-

Libertação pelo amor

pliando os sentimentos de lídima afeição, que esbatem as sombras das dúvidas, dos receios injustificados, dos medos que se tornam, muitas vezes, patológicos.

Elegendo-se o medo, a vida perde o sentido e o indivíduo emurchece pela falta de espontaneidade para viver e realizar-se.

Posterga, nesse caso, as realizações que podem ser-lhe enriquecedoras, sempre sob o estigma do medo do fracasso, como se toda atividade tivesse necessariamente que ser coroada de imediato êxito, nas suas primeiras tentativas de realização. O insucesso é a experiência que ensina como não mais se tentar o labor dentro do esquema que deu errado.

Atravessam-se, desse modo, os belos períodos da infância, da juventude e da idade adulta cultivando-se o medo absurdo, para dar-se conta de que se perderam os melhores períodos da vida, quando a velhice assoma e a oportunidade não tem mais retorno.

A eleição do amor expulsa dos espaços emocionais o martírio do medo.

Tem-se medo de perder o emprego, como se não houvesse outras experiências estimuladoras, novas possibilidades de recomeço e de realização.

Receia-se a perda de amigos e de afetos, atormentando-se em presídios emocionais absurdos, em realidade, negando-se a dar-se, a entregar-se confiante na resposta do próprio amor.

Se, por acaso, desaparecem pessoas do relacionamento, isto não pode constituir motivo de preocupação, desde

Joanna de Ângelis/Divaldo Franco

que não se seja responsável, porquanto outras chegarão e preencherão as lacunas, porventura existentes.

Teme-se a instalação de doenças no organismo, olvidando-se que saúde é o estado natural da vida humana, e que esses acidentes de percurso, no corpo físico, são perfeitamente reparáveis. Mesmo quando se apresentam irreversíveis e fatais, pode-se viver plenamente cada momento, já que tudo na Terra é de duração efêmera.

O que importa não é o número de anos que se pode desfrutar no corpo, mas a qualidade das experiências e emoções que se vivem durante o período em que se está nele hospedado.

Detesta-se a morte pessoal e a dos seres queridos, como se a matéria não fosse corruptível e transitória.

Sob outro aspecto, a morte constitui uma verdadeira bênção, por facultar a libertação de um sofrimento macerador, por ampliar os horizontes da imortalidade, por proporcionar recordações inolvidáveis e pelo fato de ensejar futuros reencontros aureolados de paz e de perenidade.

Em face desse comportamento, tem-se medo da vida, de novos cometimentos, de realizações dantes não tentadas.

A imaginação atormentada é responsável por essa visão distorcida em torno da realidade, que deve ser irrigada de novas ideias e de esperanças estimuladoras.

O ser encontra-se no processo da evolução para ser feliz.

As heranças negativas que se expressam como medo – gravames da atual existência ou consciência de culpa de outras transatas – devem ser enfrentadas com valor moral, alterando a estrutura da sua apresentação. Vencida uma etapa, logo outra se faz superada, ensejando a inefável alegria do avanço pelos rumos novos cheios de luz, que eram vistos como sombras apavorantes.

O medo está mais na mente do que na realidade. Quanto mais é cultivado, mais terrível afigura-se, ameaçando a delicada estrutura emocional do indivíduo, que passa a sofrer distúrbios de funcionamento.

Quando o medo assenhorear-se-te na mente e no sentimento, reflexiona que estás no mundo físico para triunfar, e somente conseguirás esse objetivo, se arrostares as consequências das lutas. Aquele que teme os combates, já perdeu uma grande parcela de vitória na batalha que um dia será travada, por mais que se queira evitar.

Diante dos desafios que a vida te propõe e dos receios que te intimidam de dares o passo decisivo, ora e age, certo de que nunca estarás a sós na execução de qualquer programa de dignificação humana.

Por fim, se a situação apresentar-se perversa e sem saída libertadora, considera com alegria: qual o mal que te pode acontecer, se somente ele atingirá o corpo frágil, ensejando que o Espírito imortal avance totalmente livre na direção da Grande Luz?!

[...] E não temas nunca!

29

PLENITUDE DA VIDA

O ser querido, que a morte arrebatou, não se extinguiu, prosseguindo, em outra dimensão, conforme as suas conquistas morais e espirituais.

A morte, em realidade, é a porta que se abre e conduz à Vida Plena, onde estuam, indestrutíveis, os tesouros incomparáveis da Eternidade.

Logo após o decesso tumular, não ocorre o enfrentamento com os demônios representativos do Inferno mitológico, nem com os querubins em júbilo para a condução do Espírito aos Céus.

Tem lugar, sim, o encontro com a consciência que desperta para a análise do comportamento vivido em relação àquele que deveria ter sido experienciado.

Nos primeiros dias após a desencarnação, o Espírito geralmente permanece adormecido, de modo que, ao despertar, defronta a realidade na qual prosseguirá a partir daquele momento...

Não existem, porém, duas desencarnações e reconquistas de consciência iguais. Cada ser é um cosmo pessoal, diferindo dos demais, vivenciando emoções e aspirações compatíveis com o seu nível de evolução.

Joanna de Ângelis/Divaldo Franco

Assim, cada qual acorda no Além-túmulo conforme adormeceu sob o anestésico da morte.

Quem transformou a existência terrena em uma abençoada aprendizagem, colherá os frutos sazonados da alegria e da incessante renovação para o bem. Aquele que, no entanto, utilizou-se do campo de experiências físicas para a sensualidade e o prazer, a prática do mal e da perturbação, recolherá os abrolhos que foram deixados na retaguarda e que o convidarão a reflexões profundas.

Ninguém tem o direito de desfrutar de uma felicidade que não haja edificado, e, da mesma forma, somente padecerá os sofrimentos a que faça jus.

Em todo e qualquer lugar paira soberana a Justiça Divina.

A Terra é um abençoado lar-escola onde os Espíritos desenvolvem os valores inapreciáveis do processo evolutivo.

Cada experiência constitui-lhe significativa lição que insculpe no imo e conduzirá como orientação para novas conquistas.

Eis por que todo e qualquer esforço que seja desenvolvido em favor da autoiluminação e da solidariedade em relação ao próximo deve ser envidado, de maneira que a trajetória humana se transforme em formoso campo de realizações nobilitantes.

Transitória e célere, a vida física passa, conduzindo o Espírito ao Grande Lar de onde se originou com os tesouros positivos e negativos que haja armazenado.

Serão eles que terão significado real após a morte orgânica.

Desse modo, o trânsito pelo corpo físico é viagem inevitável para a morte, para a sobrevivência.

Libertação pelo amor

★

É natural que sofras a saudade daquele a quem amas e partiu da Terra no rumo da Imortalidade.

Não te desesperes, porém, pensando que não mais compartilharás da sua convivência, da sua afetividade, do relacionamento abençoado.

Em vez de te permitires o arrastamento pelo desespero, acalma-te e envolve o ser querido em lembranças felizes, direcionando-lhe pensamentos edificantes e orações consoladoras. Ele receberá as tuas vibrações de paz e de amor que o reconfortarão, diminuindo-lhe também as angústias pela viagem realizada, as dores que, por acaso, experimente.

Logo que lhe seja possível, volverá a visitar-te, envolvendo-te em ternura e em gratidão.

Nunca penses na morte em termos de destruição e de aniquilamento.

Tudo, em a Natureza, morre para ressurgir, para transformar-se. Por que o ser humano deveria desaparecer?

Se não o vês, isto não lhe significa a desintegração, considerando que a maioria de tudo aquilo em que crês é invisível aos olhos, mas captado por instrumentos especiais torna-se realidade palpável. O mesmo ocorre com os chamados mortos, que podem ser vistos, ouvidos, sentidos e manifestos através do instrumento mediúnico.

Se não és dotado de faculdade ostensiva, possuis sentimentos que te facultam a captação dos pensamentos e dos sentimentos deles.

Se desejares comunicar-te com o afeto que desencarnou, faze silêncio interior e o perceberás, assim lenindo as dores da aflição de ambos com o unguento da alegria e da esperança do reencontro.

Graças à mediunidade dignificada por Jesus, hoje é possível manter-se o contato direto com aquele que seguiu antecipadamente no rumo da Vida Plena.

Necessário averiguar-se, no entanto, quais as suas condições morais, emocionais e espirituais, a fim de que a comunicação se apresente rica de bênçãos, assinalada pela felicidade e estimuladora para o avanço no rumo do futuro.

Assim sendo, a morte não consegue transformar aquele a quem arrebata. Cada um viaja com a equipagem que reuniu durante a jornada física e de que se faz credor.

Enquanto o véu da tristeza envolve-te em angústia e dor, dilui-o com as vibrações sublimes da oração e os pensamentos elevados que o amor inspira, na certeza de que, logo mais, terminada a tua trajetória, viajarás também ao encontro de quem ora pranteias.

Vive, então, de tal forma que, ao libertar-te das amarras carnais, tenhas acesso à lucidez e possas fruir do beneplácito do amor daquele que te aguardará em festa no coração e na alma.

Inúmeras vezes, o Amigo dos desamparados referiu-se à glória da Imortalidade, ao Reino dos Céus, estimulando os Seus ouvintes à renúncia das paixões e das inclinações más que enredam em teias escravizadoras.

Ensinando que viera para que todos tivessem vida em abundância, Jesus anunciou a própria morte, seguidamente, para demonstrar a glória excelsa da vida.

E quando foi convidado ao testemunho máximo, dando a Sua pela vida daqueles a quem ama, através de uma flagelação dilaceradora e cruel, culminando na morte,

Libertação pelo amor

logo retornou em madrugada de imortalidade, quando ressuscitou, iluminado e triunfante ao túmulo, confirmando as Suas palavras e promessas, desse modo iniciando a Era Nova da felicidade sem interrupção pela morte.

Nunca te olvides, pois, da ressurreição que somente se dará, havendo antes a desencarnação...

30

Jesus, o Libertador

Havia uma grande expectativa em Israel, que aguardava ansiosamente o Messias anunciado.

A voz dos profetas, que ficara silenciosa fazia alguns séculos, não alterara as notícias de que Jeová enviaria o Libertador do Seu povo no momento adequado.

A presunção exagerada, que havia elegido como filhos de Deus somente os judeus, continuava na conduta arrogante daqueles que aguardavam receber o privilégio dos Céus em detrimento de toda a Humanidade.

Descrevia-se a Sua chegada como o momento máximo da sua História de nação, muitas vezes escravizada por outras mais poderosas, que então se curvariam humilhadas ante a grandeza da raça escolhida pela sua fidelidade e devotamento aos Divinos Códigos.

Antevia-se o momento da libertação, especialmente naqueles dias em que o Império Romano escarnecia das suas tradições e da sua liberdade, esmagando os seus ideais de independência.

Sentia-se mesmo que aquele era o momento, e que, em qualquer instante, os sinais de identificação apontariam o Escolhido.

Joanna de Ângelis/Divaldo Franco

Os sofrimentos vividos na Babilônia, no Egito e em outros lugares cruéis, no passado, não haviam sido esquecidos. Embora a coação prosseguisse e a miséria rondasse as suas vidas, estremunhando-as e dizimando-as, porque lhes retiravam tudo quanto possuíam, inclusive os parcos recursos, em razão dos impostos exorbitantes, não conseguiam, porém, tomar-lhes a esperança que teimava em permanecer nos seus corações.

Aguardava-se, portanto, que Ele chegasse em triunfo mundano, cercado de poder militar e de despotismo, de forma que vingasse as humilhações e dores que os Seus haviam experimentado através dos tempos.

Sentando-se no trono e governando com insolência e perversidade, somente àqueles que Lhe pertenciam concederia compaixão e bondade, ternura e amor, oferecendo-lhes os reinos da Terra, a fim de que pudessem fruir o poder e a glória anelados.

Esqueciam-se, porém, da transitoriedade da vida física e do impositivo da morte que a todos arrebata, transferindo-os para a dimensão da Imortalidade.

Por mais longos e prazenteiros fossem os dias de efusão e de orgulho, que esperavam viver, a fatalidade biológica os conduziria à velhice, ao desgaste, à consumpção do corpo e ao enfrentamento com a Vida Eterna.

Mas Israel e seus filhos estavam interessados no mundo, nos negócios da ilusão, nas conquistas terrenas.

A mágoa e o desejo de desforço acalentados por séculos demorados conseguiram diluir na vacuidade o discernimento em torno dos valores reais da existência humana.

Libertação pelo amor

Somente eram considerados o gozo e a supremacia sobre os demais povos, submetendo-os ao talante das suas desordenadas ambições.

A cegueira do orgulho envilecera os sentimentos do povo, não havendo lugar para a reflexão nem para o amor fraternal.

★

Ele veio e não O aceitaram.

Aguardavam um vingador que esmagasse os inimigos, enquanto Ele chegara para conquistar aqueles que se haviam transformado em adversários.

Esperavam que fosse portador de soberba, arbitrário e superior em crueldade àqueles que se fizeram odiados, mas Ele vivenciou o Amor em todas as suas expressões, demonstrando que o Filho de Deus é lição viva de compaixão e de misericórdia.

Em face das suas necessidades materiais, não poderiam receber o Embaixador do Reino de Deus, que vinha colocar os Seus alicerces na Terra, para erguer o templo da legítima fraternidade que deve viger entre todas as criaturas.

De início, antes da ira contra a Sua pessoa, desejaram arrastá-lO para as suas tricas farisaicas e para os seus domínios insensatos. E porque não conseguiram, voltaram-se contra Ele e Sua mensagem, perseguindo-O com insistência e ameaçando-O sem clemência.

Ele, porém, permaneceu integérrimo.

A Sua tranquilidade desconcertava-os, fazendo que arremetessem furibundos contra os ensinamentos de que se fazia portador e procurando um meio de envolvê-lO em algum conceito que O pudesse criminar, a fim de O matarem.

Encharcados de presunção, o único sentido para a vida centrava-se na busca do poder, do prazer, no vingar-se dos inimigos reais e imaginários.

Não é de estranhar que Jesus não lhes representasse o cumprimento das profecias.

Embora o Seu fosse o maior poder que a Terra jamais conheceu, os ambiciosos que desejavam o mundo não estavam interessados na Sua força incomparável, que se fazia soberana ante os ventos, as ondas do mar durante a tempestade, ou diante dos distúrbios da mente, da emoção e do corpo das criaturas que O buscavam.

Invejosos, não podendo negar-Lhe a grandeza, acusavam-nO de ser emissário do mal, veículo satânico.

Jesus compadecia-se deles e exortava-os à liberdade espiritual, que é a verdadeira, conclamando-os ao despertamento para a realidade.

Mas os tóxicos do ódio haviam-nos envenenado desde há muito, não havendo espaço mental nem emocional para o refrigério da compreensão nem para a bênção da paz.

Ainda hoje Israel não O entende.

Prossegue esperando o seu Messias dominador, banhando-se de sangue e sacrificando-se, enquanto os seus filhos estorcegam em reencarnações purificadoras e aflitivas através dos evos.

O amor, que é a solução para todos os problemas humanos e os conflitos que se abatem sobre a Terra, ainda não é reconhecido como o único recurso capaz de gerar felicidade nos corações.

Libertação pelo amor

Passaram aqueles dias tormentosos e outros muitos, enquanto Jesus permanece como o libertador de consciências, conduzindo-as no rumo da plenitude.

Neste Natal, recorda-te d'Ele e entrega-te a Ele sem qualquer relutância.

Ele te conduzirá com segurança pelo *vale da morte* e pela *noite escura das paixões*, apontando-te o amanhecer luminífero por onde seguirás no rumo da felicidade.

Anotações

Anotações

Impressão e Acabamento

Bartiragráfica

(011) 4393-2911